ABHANDLUNGEN
DER AKADEMIE DER WISSENSCHAFTEN IN GÖTTINGEN

ABHANDLUNGEN
DER AKADEMIE DER WISSENSCHAFTEN
IN GÖTTINGEN

PHILOLOGISCH-HISTORISCHE KLASSE
DRITTE FOLGE
Nr. 118

GÖTTINGEN · VANDENHOECK & RUPRECHT · 1979

ERNST TH. SEHRT

Humor und Historie
in Kiplings Puck-Geschichten

GÖTTINGEN · VANDENHOECK & RUPRECHT · 1979

Vorgelegt in der Sitzung vom 9. Februar 1979

CIP-Kurztitelaufnahme der Deutschen Bibliothek

Sehrt, Ernst Th.:
Humor und Historie in Kiplings Puck-Geschichten / Ernst Th. Sehrt.
– Göttingen : Vandenhoeck und Ruprecht, 1979.
(Abhandlungen der Akademie der Wissenschaften in Göttingen,
Philologisch-Historische Klasse : Folge 3 Nr. 118)

ISBN 3-525-82398-3

I.

Die folgenden Überlegungen zu den historischen Erzählungen, die Rudyard Kipling in den beiden Bänden *Puck of Pook's Hill* (1906) und *Rewards and Fairies* (1910) zusammengefaßt hat, gelten dem Problem des Humoristischen in der fiktionalen Darstellung der Vergangenheit. Es ist dies ein Aspekt, der für die beiden Erzählungsfolgen wesentlich zu sein scheint und sie von anderen historischen Erzählungen vor und um 1900 unterscheidet; im Zusammenhang ist die Verbindung von Humor und Historie bei Kipling indessen noch nirgends beschrieben worden. Zwar hat sich die Forschung der letzten Jahrzehnte des Kiplingschen Werkes wieder verstärkt angenommen, aber auch von Charles Carrington, Francis Léaud, J. M. S. Tompkins, Bonamy Dobrée und C. A. Bodelsen werden die Puck-Geschichten nicht eingehend behandelt oder gar auf Gestaltung und Funktion humoristischer Züge hin gewürdigt[1]. Die übrige Kipling-Literatur schätzt die Puck-Geschichten insgesamt meist gering ein.

Tatsächlich aber ist die Kunst, mit der Episoden und Gestalten der englischen Vergangenheit in ihnen dargestellt werden, vielfältig und macht die beiden Bände zu exemplarischen Höhepunkten von Kiplings Gesamtwerk. Märchenhaftes und historische wie gegenwärtige Wirklichkeit durchdringen einander derart, daß das phantastische Element die Wirklichkeit poetischer macht, ohne sie dabei einzuschränken. In nur scheinbar einfacher, in Wahrheit sehr überlegter, Gestaltung gibt Kipling dem Leser stets das Gefühl der Dauer im geschichtlichen Wechsel ebenso wie das des Wandels im Beständigen. Die impressionistische Vergegenwärtigung von Details, die Kiplings Erzählungen ja überhaupt kennzeichnet, verbindet sich mit lyrischen Landschafts- und Naturbildern[2]. Der die Puck-Geschichten entscheidend tragende Dialog ist bewegt, pointiert und oft umgangssprachlich. Nicht zuletzt tragen

---

[1] Zur Geschichte der Kipling-Kritik vgl. Elliot L. Gilbert, *Kipling and the Critics* (New York, 1965) und R. L. Green, *Kipling: The Critical Heritage* (London, 1971). – In der vorliegenden Studie werden besonders die folgenden Werke (mit Verfasser- und Seitenangabe) herangezogen: Francis Léaud, *La Poétique de Rudyard Kipling* (Paris, 1958), J. M. S. Tompkins, *The Art of Rudyard Kipling* (London, 1959), C. A. Bodelsen, *Aspects of Kipling's Art* (Manchester, 1964), Bonamy Dobrée, *Rudyard Kipling: Realist and Fabulist* (Oxford, 1967), Charles Carrington, *Rudyard Kipling: His Life and Work* (zitiert nach der rev. edition, Pelican Biographies, 1970). – J. I. M. Stewart wird nicht nach seiner Kipling-Monographie (1966) zitiert, sondern nach Chapt. VI: "Kipling" seiner *Eight Modern Writers* (*Oxford History of English Literature*, vol. XII, 1963).

[2] Dazu die frühe sehr gute Studie von Walter Morris Hart, *Kipling – The Story Writer,* bes. Chapt. IV: "The Settings" (University of California Press, 1918).

die Gedichte, die die Erzählungen verbinden, zum Gesamteindruck bei, dem George Macaulay Trevelyan einen "marvellous historical sense" des Autors zuerkannt hat[3].

Die damit angedeuteten Eigenheiten von Kiplings Erzählweise können nicht umfassend erörtert, dürfen aber auch nicht ausgespart werden, wenn nachstehend vor allem von den humoristischen oder komischen Tendenzen in den Vergangenheitsbildern Kiplings gesprochen wird[4]. Die Art, in der Kipling die jeweilige Erzählung gestaltet, ist insgesamt auch entscheidend für ihre heiteren Wirkungen, die nicht isoliert werden dürfen — auch wenn die Verweise auf allgemeine Stilzüge nicht erschöpfend sein können. Ähnliches gilt für den Vergleich zwischen Kiplings historischen Erzählungen und dem historischen Roman seit Sir Walter Scott, der unentbehrlich ist, will man Kiplings Eigenart verdeutlichen; ebenso ist es zur Klärung dieser Eigenart nützlich, gelegentlich die — meist viktorianischen — Historiker heranzuziehen, die Kipling bekannt waren. Nur selten geht es bei all dem um unmittelbare "Einflüsse": Kipling ist ein sehr selbstständiger Autor. Indessen sind manche Übernahmen von Motiven, Wertungen u. a. m. besonders dann von Interesse, wenn das "Vorbild" leicht verändert wird, wie denn überhaupt der Gegensatz der Puck-Geschichten zur historiographischen Tradition und zur historischen Erzählung seit Scott aufschlußreich ist. Da Kiplings Puck-Geschichten sich als Kinderbücher geben, soll auch die englische Jugendliteratur paradigmatisch herangezogen werden, die freilich Humor und Komik selten in die historische Darstellung einbezieht. Anders steht es mit den englischen "Comic Histories", von denen abschließend ebenfalls zu sprechen sein wird[5].

Als Kipling *Puck* und *Rewards*[6] für seine Kinder schrieb, ließ er englische Vergangenheit von der Praehistorie bis zum Krieg gegen Napoleon vor ihnen lebendig werden. Dan und Una (John bzw. Elsie Kipling) führen einen verkürzten *Midsummer Night's Dream* mit den Rollen Bottoms, Titanias, der Elfen und Pucks auf: in einem Feenring und am "Midsummer Eve". Das dreimal wiederholte Spiel hat beschwörende Kraft; Puck erscheint, schließt

---

[3] *A Layman's Love of Letters* (London, 1954), p. 33.

[4] Humor, Komik und Witz werden in den nachstehenden Interpretationen nicht begrifflich eingehend diskutiert, weil dies divergierendste Definitionen einbeziehen müßte und über das Kipling-Thema weit hinausführen würde. Zu solchen Definitionen vgl. O. Rommel, "Die wissenschaftlichen Bemühungen um die Analyse des Komischen" (*Deutsche Vierteljahrsschrift für Lit. wiss.schaft und Geistesgeschichte*, Bd. XXI, 1943, S. 160–195). – Anregungen entnahm der Verf. den folgenden, gelegentlich zitierten Arbeiten: Henri Bergson, *Le rire* (Paris, 1900), Nicolai Hartmann, *Ästhetik* mit Abschnitt III: "Das Komische" (1953), J. Bourke, *Englischer Humor* (Göttingen, 1965).

[5] Vergleichende Untersuchungen zu Kiplings Verhältnis zu Vorläufern und Zeitgenossen fehlen fast ganz. Zu den "Comic Histories" s. u. S. 71 ff.

[6] Beide Bände werden im folgenden mit den obenstehenden Kurztiteln angeführt; Seiten-Zitate erfolgen mit P (für *Puck*) bzw. R (für *Rewards*) und Seitenzahl der *Uniform Edition*. Nach ihr werden auch andere Werke Kiplings zitiert.

Freundschaft mit ihnen und in den nun folgenden Erzählungen bringt er, "the oldest Old Thing in England", sie mit Gestalten der englischen Vergangenheit zusammen: "You shall see What you shall see and you shall hear What you shall hear, though It shall have happened three thousand year ..." (P 8, 13). Kipling selbst hat diese einundzwanzig Geschichten und die siebenunddreißig sie einrahmenden und verbindenden Gedichte hoch eingeschätzt. In *Something of Myself* (1937) nennt er sie von seinen Werken am häufigsten. Er tut es zugleich mit persönlichster Anteilnahme: Anfang und Nährboden dieser Erzählungen ist eindeutig Kiplings Liebe zu Sussex, wo er 1902 *Bateman's* kaufte, das jakobäische Haus, das er bis zu seinem Tode bewohnte. Burwash, das *Bateman's* nahe Dorf, und die Gegend um Burwash bis zur Küste sind die Region, in der alle Puck-Geschichten spielen oder beginnen, und Puck selber kommt von dem unfern *Bateman's* gelegenen *Pook's Hill*. Insofern kann man die Puck-Geschichten dem Ansatz nach der regional bestimmten historischen Erzählkunst in der Nachfolge Scotts zurechnen. Denn in Sussex erlebte Kipling, erstmals in dieser Intensität, eine historisch geprägte englische Landschaft. Grabungen förderten ". . . a Jacobean tobacco-pipe, a worn Cromwellian latten spoon, and, at the bottom of all, the bronze cheek of a Roman horsebit (...), two intact Elizabethan 'sealed quarts' that Christopher Sly affected, all pearly with the patina of centuries ...". Die grasüberwachsenen Schlacken einer verfallenen Schmiede wiesen auf phönizische und römische Wege und kaum mehr erkennbare Pfade auf die Zeit der Armada zurück [7]. Wichtig an diesen Notizen in *Something of Myself* ist das Gefühl für eine in der eigenen Zeit noch anwesende Vergangenheit: die Puck-Geschichten kommen nicht primär aus literarischen Anregungen, sondern aus der familiären Verbundenheit mit der Tradition und ihren Zeugen (das schließt nicht aus, daß Kipling sich gründlich mit der Historiographie und dem historischen Roman des 19. Jahrhunderts befaßt hat). Dieses Empfinden für "the contemporaneity of the past" [8], wie es T.S. Eliot genannt hat, setzt sich durchaus folgerichtig in die Idee um, Gestalten aus der praehistorischen, angelsächsischen, nomannischen, spätmittelalterlichen Vergangenheit, aus dem 17. und dem ausgehenden 18. Jahrhundert vor Dan und Una erscheinen zu lassen. Die Vergangenheit ist damit anschaulich "in der Gegenwart"; sie ist dies übrigens mit einer Selbstverständlichkeit, die den Gegensatz zwischen Früher und Jetzt kaum kennt, und dies ist allerdings ein Zug, der Kipling von Scott und seinen Nachfolgern ebenso wesentlich unterscheidet wie von den phantastischen Romanen Edith Nesbits oder Edwin Lester Arnolds, die für Kiplings Vergangenheitsbeschwörungen als Anreger genannt worden sind [9].

---

[7] *Something of Myself*, p. 185. – Carrington, Chapt. 15, handelt ausführlich über *Bateman's* und die Entstehung von *Puck*.

[8] T.S. Eliot, "Rudyard Kipling" (in: *A Choice of Kipling's Verse*, London, 1941, p. 32).

[9] Zu Edith Nesbit siehe unten S. 68 ff.

Vom Regionalen her ergibt sich endlich in den Puck-Geschichten auch der nationale Apell; Sussex steht stellvertretend für England, von dem der einleitende "Puck's Song" sagt:

> She is not any common Earth,
> Water or Wood or Air,
> But Merlin's Isle of Gramarye,
> Where you and I will fare [10].

In dem häufig (nicht immer) auftauchenden Gedanken einer einigen englischen Nation tritt zugleich das Ethos dieser Vergangenheitsbilder zutage: der Grundsatz der männlichen Pflichterfüllung, des heroischen Opfers gegenüber der Gemeinschaft, der Versöhnung einander widerstreitender Weltanschauungen. Am direktesten faßt Kipling dies Ethos in den Imperativen des Gedichts "If –" zusammen (Rewards), das lange von der Kritik begeistert aufgenommen und dann mit dem Verblassen nationaler und imperialer Begeisterung nach 1918 zunehmend kritisch abgewertet wurde. Wie immer man "If –" beurteilt, so sollte man es jedoch nicht als einzigen Schlüssel zum Verständnis von Puck und Rewards auffassen [11], denn das Ethos dieser Geschichten gibt sich wesentlich leiser als in "If –". Daß sie oft Vorbild-Charakter haben, ist offenkundig; auch verbindet dies Vorbildhafte sie mit der historischen Jugendliteratur der Viktoria-Zeit. Aber andererseits vermeidet Kipling durchweg das viktorianische, direkte Moralisieren, und Humor und Komik stehen mit dieser undidaktischen und unaufdringlichen Art, Vergangenheit zu präsentieren, in besonders engem Bezug. Keinesfalls läßt sich das humoristische Element dabei damit erklären, daß es sich hier um verharmlosende Kinder-Geschichten handele. In Something of Myself findet sich dazu der aufschlußreiche Hinweis: ".. since the tales had to be read by children, before people realised that they were meant for grown-ups; and since they had to be a sort of balance to, as well as a seal upon, some aspects of my 'Imperialistic' output in the past, I worked the material in three or four overlaid tints and textures, which might or might not reveal themselves according to the shifting light of sex, youth, and experience ..." [12]

---

[10] Vgl. auch "The Children's Song" am Ende von Puck sowie "A Charm" als erstes Gedicht von Rewards.

[11] Auch die Erzählungen in Puck und Rewards waren seit den 20er Jahren oft dem Vorwurf ausgesetzt, Kipling projiziere seine imperialistischen Ideale auf die Gestalten der englischen Geschichte; die nur relative Bedeutung solcher "political analogies" hat J. M. S. Tompkins mit Recht betont (a. a. O., p. 77).

[12] Something of Myself, p. 190. – Brander Matthews hat im gleichen Sinne formuliert: "Only the mature, who have come to an understanding of life, (...) have experience enough to relish that rich savor of Puck of Pook's Hill and Rewards and Fairies, that incomparable pair of volumes .." (in: "Mr Kipling Strickes a Deeper Note", Literary Digest International Book Review, IX (1926) 745 ff.; Neuabdruck in R. L. Green, Kipling: The Critical Heritage, 1971).

In der Tat ist vor allem die Spannung zwischen Ethos und Humor in *Puck* und *Rewards* wohl nur dem älteren Leser voll zugänglich. Denn diese Spannung und oft Verschmelzung von Ernstem und Komischen schafft Ambivalenzen[13]. Vergangenheit wird gleichzeitig monumental und banal, erscheint aber gerade dadurch näher und nachfühlbarer.

---

[13] Die vieldeutige Mischung von Ernst und Heiterkeit ist wohl am besten von J. M. S. Tompkins (Chapt. II: "Laughter") und B. Dobrée, pp. 37–43, gewürdigt worden, jedoch jeweils für das gesamte Werk Kiplings. Vgl. auch die ebenso knappen Ausführungen von F. Léaud, pp. 163 ff.

II.

Wie wichtig schon Kiplings Puck-Figur hierfür ist, wurde bisher kaum beachtet. Er gleicht dem Puck Shakespeares in einer Weise, die um 1900 nicht selbstverständlich war, und dafür spricht nicht nur sein erster Auftritt als "Robin" mit einem Zitat aus dem *Midsummer Night's Dream:* "What hempen homespuns have we swaggering here ..." (III, 1, 68 ff). Gerade da es sich hier um eine Aufführung handelt, die vom *Midsummer Night's Dream*-Spiel der Kinder allmählich zur englischen Vergangenheit führt, liegt es nahe, diesen Puck auch mit den üblichen Auffassungen der Figur auf der englischen Bühne des 19. und frühen 20. Jahrhunderts zu vergleichen. Seit dem Puck der siebenjährigen Ellen Terry (1856) unter der Regie Keans wurde die Rolle auf den Londoner Bühnen bei aller Neckfreude doch vorab romantisch-lieblich und von Schauspielerinnen verkörpert. Ellen Terry spielte, als Kipling sie 1897 in London kennenlernte, den Puck natürlich nicht mehr, aber der Stil der Keanschen Elfenszenen von 1856 hatte nachhaltig Schule gemacht [14]. Der *Midsummer Night's Dream* Sir Herbert Beerbohm Trees (1900), den Kipling in *Her Majesty's Theatre* gesehen haben kann, dürfte in der Auffassung des Puck ebenso wie in seinem illusionistischen Prunk Gipfelpunkt einer Inszenierung gewesen sein, die letztlich auf Kean zurückging. Demgegenüber ist Kiplings Puck ein durchaus männlicher, unromantischer Kobold: "a small, brown, broadshouldered, pointy-eared person with a snub nose, slanting blue eyes, and a grin that ran right across his freckled face ...", mit "bare, hairy feet" und einer Stimme, die weithin dröhnt. Seine Bodenständigkeit verrät sich in seiner Sprache, die die drastische und derbe Ausdrucksweise des Shakespeareschen Puck steigernd weiterführt. Besonders in den Anfängen und Schlüssen der Puck-Erzählungen nähert sie sich in Satz und Einzelwort dem Dialekt von Sussex [15]. Oft spricht und verhält er sich genauso wie "Old Hobden the Hedger", der als freundlich-verschlagene Randfigur wiederholt in beiden Bänden auftaucht und ebenso wie Puck die Beständigkeit im Wandel der Zeit repräsentiert. So ist es zwar Magie, wenn dieser Puck Gestalten der Vergangenheit in

---

[14] Zu Ellen Terrys Puck sehr anschaulich Theodor Fontanes Augenzeugenbericht in *Die Londoner Theater*: "Puck wird hier von einem Kinde, einem blonden, schelmischen Mädchen von etwa zehn Jahren gespielt. (...) einen Kranz im blonden, etwas wirr herabhängenden Haar. Dazu dünne nackte Arme .." (in: *Sämtl. Werke*, Band XXII/3, ed. K. Schreinert u.a., München, 1967, S. 62). – Keans Inszenierung sowie die Sir Herbert Beerbohm Trees wird erörtert von George C. D. Odell, *Shakespeare from Betterton to Irving*, New York, 1920, ²1966, vol. II, 343–45 und 453 ff.). – Zu Kiplings Begegnung mit Ellen Terry vgl. Carrington, p. 309.

[15] Ausführliche Wortlisten bringt J. De Lancey Ferguson, "Sussex Dialect Words .." (*Kipling Journal*, April, September, December 1931 und March 1932). –

die Gegenwart lockt, aber diese Magie ist ganz untheatralisch. Bezeichnend dafür ist, wie energisch Puck die Bezeichnung "fairy" zurückweist; er spricht nur von den "People of the Hills". Sein Spott über die "little buzzflies with butterfly wings and gauze petticoats and shiny stars in their hair" enthält eine offenbare Anspielung auf das "electric coronal", das Julia Neilson (als Oberon!) bei Beerbohm Tree trug[16], und liest sich ebenso wie die folgende Stelle als ironischer Kommentar zu den verniedlichten Elfen der Londoner Bühne:

> 'Can you wonder that the People of the Hills don't care
> to be confused with that painty-winged, wand-waving,
> sugar-and-shake-your-head set of impostors? Butterfly
> wings, indeed! I've seen Sir Huon and a troop of his people
> setting off from Tintagel Castle for Hy-Brasil in the teeth of a
> sou'-westerly gale, with the spray flying all over the Castle,
> and the Horses of the Hills wild with fright. Out they'd go in a
> lull, screaming like gulls, and back they'd be driven five good
> miles inland before they could come head to wind again.
> Butterfly-wings! It was Magic - Magic as black as Merlin
> could make it . (. . .) That was how it was in the old days!'
> (P 14)

Kennzeichnend ist zu Beginn des Zitats die Verspottung der Theater-Elfen als "set of impostors", denen die wahre, wilde Zauberkraft Sir Huons gegenübersteht. Hier spricht sich Kiplings starkes Verhältnis zum Magischen aus, dem man schon in manchen der indischen Geschichten begegnet[17], aber daneben und neben seiner Verachtung des zahmen Lebens, zeigt sich an den angeführten Stellen auch ein Leitmotiv der beiden Puck-Bände: die Bloßstellung allen Scheins, aller Anmaßung und Preziosität als Betrug oder Selbsttäuschung.

Schon durch diesen Puck wird also der Ernst und das gelegentliche Pathos der einzelnen Geschichtsabschnitte gedämpft oder aufgebrochen[18], deren Vertreter er den Kindern zuführt. Sie äußern sich in einer Art zu ihren einstigen Erlebnissen und Erfahrungen, die an den viktorianischen *dramatic monologue*

---

[16] Das *Athenaeum* schrieb am 20. Januar 1900: No spectacle equally artistic has been seen on the English stage. (...) .. the palace of Theseus is a marvel of scenic illusion, the dresses are rich and tasteful as they can be, and the entire spectacle is of extraordinary beauty. (.. .) As Oberon, Miss Julia Neilson, richly clad and with an electric coronal and breastplate .. (zit. nach Odell, a.a.O., II, 454).

[17] Vgl. "The Phantom Rickshaw" (1888), "The Mark of the Beast" (1890) u.a.m. – Zum Problem des Magischen und Okkulten vgl. auch Carrington, p.428 und p.438.

[18] Besonders F. Léaud versteht – allerdings ohne Einzelinterpretationen – Puck in diesem Sinne: ".. il regarde passer tous les règnes et toutes les sagesses avec un peu d'ironie. (...) Puck est le héros d'un songe et l'artisan des prestiges où les mortels perdent leur sérieux et leur dignité." (a.a.O., p.198)

gelegentlich erinnert. Puck ist nicht nur der Veranstalter solcher Begegnungen, sondern auch ihr Kommentator und erscheint oft sogar in der Rolle des Mit-Akteurs, weil er bei fast allen vergangenen Ereignissen, um die es hier geht, bereits "dabei war". *Puck* und *Rewards* sind so hervorragende Beispiele für die Rahmen-Technik des Erzählers Kipling, mit der er Erzählrahmen und Erzähltes einander integriert. Die Anfänge und Schlüsse jeder Geschichte sind kleine Vignetten, die sowohl in das Folgende einstimmen wie sie auch ihren Reiz für sich haben, denn schon vor dem Auftritt einer historischen Gestalt ergibt sich aus den Gesprächen zwischen den Kindern und Puck jene Mischung aus Magie und Alltag, heiterem Spiel und Ernst, die in anderer Weise dann in der jeweils folgenden Geschichte wieder erscheint. Puck und andere Rahmen-figuren greifen aber auch in diese folgenden Berichte durch Fragen und Kommentare direkt ein; es entsteht dadurch oft eine durch leichte Mißver-ständnisse erzeugte zusätzliche Grundstimmung.

III.

Wie humoriger Kommentar und Geschichten ineinanderwirken, zeigt bereits die erste Erzählung in *Puck*, "Weland's Sword", die Puck als Augenzeuge noch selbst berichtet. Ihre Hauptgestalten sind der sächsische Novize Hugh, der schließlich das Kloster verläßt, um Ritter zu werden, und ein Gott: "Wayland-Smith", der das singende Zauberschwert für Hugh anfertigt. Im Zusammenhang des *Puck*-Bandes ist "Weland's Sword" Auftakt zu den folgenden drei sächsisch-normannischen Geschichten. Auch sie sind immer wieder humoristisch getönt; in "Weland's Sword" betrifft dies zunächst vor allem Weland, den Gott, den Kiplings Mythologie als Verwandten des nordischen Thor einstuft [19]. Er wird nach Pucks Bericht von skandinavischen Piraten nach England gebracht, wie viele Götter vor ihm:

> 'The Phoenicians brought some over when they came to buy
> tin; and the Gauls, and the Jutes, and the Danes, and the
> Frisians, and the Angles brought more when they landed.
> They were always landing in those days, or being driven back
> to their ships, and they always brought their Gods with them.
> England is a bad country for Gods. Now, I began as I mean
> to go on. A bowl of porridge, a dish of milk, and a little quiet
> fun with the country folk in the lanes was enough for me then,
> as it is now. I belong here, you see, and I have been mixed up
> with people all my days. But most of the others insisted on being
> Gods, and having temples and altars, and priests, and sacrifices
> of their own ...' (P 15)

Indem Kipling die in England einfallenden Stämme im Katalogstil und ohne nähere Bezeichnung oder Charakteristik aufführen und ihren Göttern nicht einmal Namen geben läßt, entsteht der Eindruck des komisch Mechanischen [20], der noch durch Wortwiederholungen verstärkt wird. Diese Götter, die nicht aus eigener Macht kommen, sondern gebracht werden, sind eine

---

[19] Vergleiche mit der altnordischen Mythologie finden sich in dem Aufsatz von J. M. S. Tompkins, "Kipling and Nordic Myth and Saga" (*English Studies* 52 (1971) 147–156), erbringen aber relativ wenig. Daß Kipling nicht direkt auf altnordische Quellen zurückgehen mußte, bemerkt schon Ann Matlack Weygandt, *Kipling's Reading and its Influence on his Poetry* (Philadelphia, 1939, p. 12).

[20] Vgl. Bergson, *Le rire*, a. a. O., p. 88 f. mit den Ausführungen zum "arrangement mécanique", das darstelle "une *distraction* de la vie. (...) Le comique est ce côté de la personne par lequel elle ressemble à une chose .." etc. Dieser Tatbestand rufe nach einer Richtigstellung: "Le rire est cette correction même .."

in regelmäßigen Schüben eintreffende Importware, deren Abhängigkeit von den sie einführenden Menschen Kipling auch durch Gestalt und Haltung Welands bei seiner Ankunft in England betont. Er *liegt* als hölzernes *Bild* im Vorderschiff eines offenen Bootes und wirkt damit weitgehend als Gegenstand. Zwar kann das liegende Holzbild sprechen, aber es erscheint nicht als numinoses Wesen:

> 'Weland's image – a big, black wooden thing with amber
> beads round his neck – lay in the bows of a black
> thirty-two-oar galley that they had just beached. Bitter cold it
> was! (...) When he saw me he began a long chant in his own
> tongue, telling me how he was going to rule England,
> and how I should smell the smoke of his altars from
> Lincolnshire to the Isle of Wight. I didn't care! I'd seen too
> many Gods charging into Old England to be upset about it.
> I let him sing himself out . . .' (P 17).

In allen Situationen, in denen Weland weiter auftaucht, wirkt er für Puck lächerlich; hier herrscht die Komik der unvereinbaren Gegensätze. Weland deklamiert von seiner kommenden Herrschaft und den für ihn rauchenden Altären – bleibt aber dabei eine Sache, ein "thing", das nur schreien und die Augen rollen, nicht aber sich aus eigener Kraft bewegen kann. Dem entspricht der Gegensatz zwischen anfänglichem Machtanspruch und der späteren Mißachtung Welands durch die Menschen, die "don't like being sacrificed at the best of times; they don't even like sacrificing their farm-horses" (P 15). Ebenso kontrastiert Welands Pathos mit der gemütlich-kolloquialen Art, in der Puck dies alles berichtet; schon der Stil seiner Erzählung bagatellisiert und nivelliert das, was berichtet wird. Als Puck dann nach einigen Jahrhunderten den Tempel Welands bei Andover wieder besucht, ist des Gottes Opferdienst vollends zur Farce geworden:

> 'There was his altar, and there was his image, and there were
> his priests, and there were the congregation, and everybody
> seemed quite happy, except Weland and the priests. In the
> old days the congregation were unhappy until the priests had
> chosen their sacrifices; and so would you have been.
> When the service began a priest rushed out, dragged a man up
> to the altar, pretended to hit him on the head with a little gilt
> axe and the man fell down and pretended to die. Then
> everybody shouted: "A sacrifice to Weland! A sacrifice to
> Weland!"' 'And the man wasn't really dead?' said Una.
> 'Not a bit! All as much pretence as a doll's tea-party. (...)
> I saw poor Weland's face through the smoke, and I couldn't
> help laughing. He looked so disgusted and so hungry' (P 18).

Wie Puck ihm bei seiner Ankunft vorhergesagt hatte, sinkt Weland schließlich zu "Wayland-Smith" herab, der wegen seiner früheren Grausamkeit auf die Erlösung durch ein freundliches Menschenwort harrt und um einen Penny und ohne Dank das Pferd eines groben Bauern beschlägt. Ist schon die Tempelszene possenhaft, so nun auch der nächtliche Irrweg des Bauern, den Puck im Kreis herumführt, bis Hugh ihn vom Pferd wirft, ihn zwingt, dem "Schmied" zu danken, und ihm schließlich selbst das erlösende "I thank you and wish you well" zuruft.

"Wayland Smith" konnte Kipling aus Scotts *Kenilworth* bekannt sein (bes. Chap. X–XI), wo Tressilian "Wayland Smith" in seiner Höhle aufsucht[21]. Ein Vergleich mit Scott ist erhellend, denn in *Kenilworth* ist "Wayland Smith" nur scheinbar ein dämonisches Wesen, tatsächlich aber der ehemalige Diener des Dr. Demetrius Doboobie, der sich den Aberglauben der Landbevölkerung verkleidet zunutze macht. Das paßt zu Scotts, letzten Endes rationalem, Verhältnis zum Übernatürlichen; er ist an ihm auch in seinen anderen Romanen meist mehr antiquarisch als am Ausdruck des Aberglaubens interessiert, dessen Beschreibung ihm zur Personen- und Zeitcharakteristik dient[22]. Im wesentlichen bleibt Scotts "Wayland Smith"-Episode so bloßes episches, zur Not auch entbehrliches, Versatzstück. Demgegenüber ist bemerkenswert, daß Kipling Weland seine Göttlichkeit zurückgibt, die dann aber rasch eine Einschränkung durch Versachlichung, Sarkasmus und schließlich dadurch erfährt, daß sie von Weland abbröckelt, als er vom Gott zum bloßen – wenn auch geisterhaften – Handwerker geworden ist. Nur weil Kipling Weland anfänglich zum Gott macht, kann seine Demütigung und schließliche Erlösung ganz deutlich werden, und das weist auf eine Thematik hin, die sich in diesen ganzen Erzählungen häufig findet.

Weland ist Inbegriff des Stolzes, der sich selbst überhebt und darum umso tiefer stürzt, und Vertreter einer Vanitas, die Kipling auch schon vor den Puck-Geschichten beschäftigt hat. Selbst-Bewußtsein und Stolz als bloßer Schein kommen schon in vielen der frühen indischen Erzählungen vor; was jene von den Puck-Bänden unterscheidet, ist lediglich die ernsthafte Beleuchtung, die das Schein-Bedürfnis von Menschen und Göttern dort erfährt. Erinnert sei an die Geschichten, die den Vertretern des Empire in Indien gel-

---

[21] Zum Vorbild Scotts vgl. A. M. Weygandt, a. a. O. p. 12. Eine Untersuchung über den Einfluß Scotts auf Kipling und vor allem über die Veränderungen des Scottschen Vorbilds ist noch ein Desideratum. Einige Hinweise bringt diese Arbeit.

[22] Scott bemerkt, als Tressilian dem angeblichen Wayland in seine Höhle folgt, daß ihre Ausstattung "in that age of superstition" einem Mann wohl den Mut hätte rauben können: "But nature had endowed Tressilian with firm nerves, and his education, originally good, had been too sedulously improved by subsequent study to give way to any imaginary terrors" (Chapt. X). Zu dem ganzen Problem vgl. Coleman O. Parsons, *Witchcraft and Demonology in Scott's Fiction* (Edinburgh/London, 1964).

ten[23], oder an die Klagen der indischen Gottheiten in "The Bridge Builders" die sich bei Krishna hoffärtig und ängstlich über ihre Vernachlässigung durch die Gläubigen beschweren (in der 1893 geschriebenen Erzählung wird das Weland-Thema unmittelbar vorausgenommen).[24] Abgeklärt erscheint der Vanitas-Gedanke am schönsten in den weltentrückten Meditationen des Lama über das verwirrende "Wheel of Things" in *Kim* (1901). Aber auch hier fehlt jede Komik. In den kurzen Geschichten vor 1906 erfährt die Hauptgestalt die Eitelkeit ihres Selbstbewußtseins meist als bittere Ernüchterung oder Untergang; in *Kim* überwindet der Lama den Schein der leidenschaftlichen Welt verklärt im "Fluß des Pfeils", in dem er der Nichtigkeit alles nur vermeintlich Beständigen enthoben ist. Erst in den Puck-Erzählungen werden Schein und Selbstüberhebung humoristisch gesehen, und dabei ist die Desillusionierung des Stolzen auch für ihn selbst mit lösendem Lachen verbunden. Dem "I couldn't help laughing" Pucks bei der vorgetäuschten Opferzeremonie entspricht am Schluß von "Welands Sword", daß "Weland laughed ... and cried with joy, because he had been released at last". Sein Weinen wie Lachen zeigen ein hingerissenes Gefühl der Entbundenheit von Haß, Hoffart und Demütigung, wie es dem voraufgehenden Werk Kiplings noch fremd ist. Wie Pucks kindliche Zuhörer die allmähliche Erniedrigung des Gottes zum Schmied am Wegrand kommentieren, ist im übrigen bezeichnend für die oft doppelte Optik dieser Geschichten. Wenn Una "poor Weland" bedauert (P 20, 24), so kennzeichnet das einmal sie selbst und ebenso einen von Puck vernachlässigten Aspekt der Geschichte vom in der Welt herabgekommenen Gott. Nicht zuletzt ist Unas spontanes Mitleid gegenüber Pucks Auffassung aber auch Beleg dafür, daß Kipling in verschiedenen "overlaid tints and textures" arbeitete: der bemitleidenswerte Gott ist eher dem kindlichen Leser begreifbar, der humoristisch in Frage gestellte mehr dem Erwachsenen.

Die anschließenden drei, nach 1066 spielenden, Geschichten des Normannen Sir Richard Dalynridge kennen eine ähnliche Schichtung. Die Freundschaft des Angelsachsen Hugh mit dem landerobernden Sir Richard, beider Kampf, ihre Versöhnung trotz der Belehnung Sir Richards mit Hughs Manor und die Liebe zwischen Sir Richard und Lady Aelueva ("Young Men at the Manor") leitet hinüber zu der Abenteuergeschichte "The Knights of the Joyous Venture" mit der Fahrt Richards und Hughs nach Afrika und klingt aus in "Old Men in Pevensey", in dem das schon in "Young Men ..." angeschlagene Thema eines einigen sächsisch-normannischen Englands wieder

---

[23] Vgl. "The Man who would be King" (1888), "The Dream of Duncan Parrenness" (1884), "Love-o'-Women" (1893) u. a. m.

[24] In "The Bridge Builders" mahnt Krishna die anderen Götter ähnlich wie Puck: "...the beginning of the end is born already. The fire-carriages shout the names of new Gods that are not the old under new names. Drink now and eat greatly! Bathe your faces in the smoke of the altars before they grow cold!"

aufgegriffen und abgerundet wird. Die so umrissenen drei Erzählungen übertreffen in Geschehensreichtum und raschem Ablauf zwar die meisten historischen Jugendbücher vor 1906, bleiben aber auch für Kinder weitgehend verständlich. Nicht immer gilt das für ihre humoristische Entpathetisierung und Entromantisierung. Die Schlacht von Hastings wird nur ganz kurz erwähnt, die sonst in historiographischen oder fiktiven Darstellungen für die Jugend ausgiebig betont wird, so in Dickens' *Child's History of England* (1851–53), in Edward Augustus Freemans *Old English History for Children* (1869) oder etwa, wenige Jahre nach den Puck-Geschichten, in des Oxforder Historikers C. R. L. Fletcher *History of England* (1911), die ausdrücklich verfaßt war "for all boys and girls who are interested in the study of Great Britain and her Empire" *(Preface),* und für die Kipling eingeschobene Gedichte beisteuerte. Dickens gibt eine bewegte und pathetische, schließlich pittoresk ausklingende Schlachtbeschreibung (Chapt. VII)[25]; Freeman faßt sich, entsprechend dem geringen Umfang seiner *History,* kürzer; Fletcher ist nationalistisch engagiert zugunsten der Normannen[26]. Schon Bulwer-Lytton hatte in *Harold* (1848) eine melodramatische, sehr detaillierte Darstellung der Schlacht gegeben (Book XII, Chapter 1–9); für die Zeit Kiplings sei noch auf den äußerst populären und bis ins 20. Jahrhundert vielgelesenen George Alfred Henty verwiesen, der in *Wulf the Saxon* (1895), knappe zehn Jahre

---

[25] Dickens betont Einzelkämpfe ebenso wie allgemein die brutale Härte der Schlacht, wobei den Anhängern Harolds emphatisch der größere Mut zuerkannt wird: "The English, keeping side by side in a great mass, cared no more for the showers of Norman arrows than if they had been showers of Norman rain .." usw. Der Schluß des Kapitels ist elegisch: "O what a sight beneath the moon and stars, when lights were shining in the tent of the victorious Duke William, which was pitched near the spot where Harold fell – and he and his knights were carousing within – and soldiers with torches, going slowly to and fro, without, sought for the corpse of Harold among piles of dead – .."(*A Child's History of England* in: Dickens, *Works* (Gadshill Edition), London, 1898. vol. XXX, pp. 53–54). Der wehmütige Schluß der Hastings-Darstellung entspricht Dickens', in der ganzen *Child's History* zutage tretenden, Einstellung, aus der heraus er immer wieder die englische Geschichte humanitär und gleichzeitig skeptisch gegenüber ihren Höhepunkten und deren allzumenschlichen Torheiten und Ungerechtigkeiten bewertet.

[26] Fletchers *History* hebt, ganz im Gegensatz zu Dickens, hervor, daß Hastings England erst zu dem gemacht habe, was es jetzt sei. Die sächsischen Truppen werden dabei eher abgewertet: "It was the fight of French cavalry and archers against the English and Danish foot-soldiers and axe-men, a fight of valour and cunning against valour without cunning. (...) The battle of Hastings decided, though not even William knew it, that the great, slow, dogged English race was to be governed and disciplined (..) by a small number of the cleverest, strongest, most adventurous race then alive. Nothing was wanted to make our island the greatest country in the world. The Saxons had been sinking down into a sleepy, fat, drunken, unenterprising folk. The Normans were temperate in food and drink, highly educated, as education went in those days, restless, and fiery. They brought England back by the scruff of the neck into the family of European nations" usw. Hier zeigt sich, wie überall bei Fletcher, die didaktische Tendenz: die Hochschätzung von Aktivität, nationaler Einheit und streng erzwungenem "government and order". (C. R. L. Fletcher and Rudyard Kipling, *A History of England*, Oxford, 1911, p. 43 f.). Zu den zwischen die einzelnen Kapitel Fletchers eingelegten Gedichten, mit denen Kipling sich an der *History* beteiligte, s. u. S. 67.

vor *Puck,* Harolds Niederlage und die glorreiche Treue seines Gefolgsmannes Wulf moralisch erhebend beschrieb[27].

Kipling verlagert das Schwergewicht. Über "Santlache" (Hastings) sagt Sir Richard lediglich: "We fought. At the day's end they ran" (P 39). Wichtiger ist ihm eine sehr andere Schlacht, weil sie der Verbindung von Sachsen und Normannen dient. Normannische Marodeure wollen die Schweineherde des Manor stehlen, der ihm zur Verwaltung übergeben worden ist; gemeinsam mit den Sachsen Hughs geht Sir Richard in den Kampf, von dem er schmunzelnd berichtet:

> '"Norman or Saxon," said I, "we must beat them back, or
> they will rob us every day. Out at them with any arms ye
> have!" So I loosed those three carles and we ran together,
> my men-at-arms and the Saxons with bills and axes which they
> had hidden in the thatch of their huts, and Hugh led them.
> Half-way up the King's Hill we found a false fellow from
> Picardy – a sutler that sold wine in the Duke's camp – with a
> dead knight's shield on his arm, a stolen horse under him, and
> some ten or twelve wastrels at his tail, all cutting and slashing
> at the pigs. We beat them off, and saved our pork. One
> hundred and seventy pigs we saved in that great battle.'
> Sir Richard laughed (P 48).

Auch die Sachsen des Manor lachen, als man gemeinsam die geretteten Schweine heimtreibt. Die Ent-Heroisierung, die hier stattfindet, läßt den sonst als vorbildlichen Ritter geschilderten Sir Richard nicht komisch erscheinen, aber sie erreicht eine komische Banalisierung des Hauptthemas, der Annäherung von Normannen und Sachsen. Im gemeinsamen Gelächter löst sich dabei allmählich die Spannung zwischen Eroberer und Eroberten, von denen Richard meint: "... I think some of them, even then, began not to hate me ..." Auch das Thema des Hasses, der sich durch die Komik einer Situation auflöst, kommt noch häufig in den beiden Bänden vor[28].

Am deutlichsten wird die humoristische Färbung an der einzigen Gestalt, die bewußt politisch genannt werden kann, dem Normannen Gilbert De

---

[27] Zu Henty vgl. G. M. Fenn, *G. A. Henty* (1907) und die Abschnitte bei M. F. Thwaite, *From Primer to Pleasure* (London, 1963) sowie bei John Rowe Townsend, *Written for Children* (London, 1965) und Marcus Crouch, *Treasure Seekers and Borrowers* (London, 1962). Die drei letztgenannten, sehr informativen Monographien beurteilen Henty kritisch. Seine Helden seien "all cast in the same mould: they are straightforward, extroverted young Philistines" (Townsend, p. 63); Henty selbst wird von Crouch mit Recht als typischer Viktorianer gewertet, dessen Imperialismus – im Gegensatz zu dem Kiplings – "was simple as a child's faith in God (..) or Santa Claus" (a. a. O., p. 21). Hentys Ruhm bis in die 30er Jahre des 2o. Jahrhunderts zeigt trotz solcher Verdikte die Beständigkeit historischer Erzählungen, die vor allem auf die moralische und nationale Ertüchtigung des jugendlichen Lesers abzielten.

[28] Vgl. "The Wrong Thing", "A Doctor of Medicine" (beide in *Rewards*).

Aquila, dem Lehnsherren Sir Richards, einem komplexen Charakter, der sich von Sir Richard und Hugh merklich abhebt. Mit ihm hat Kipling, unter einem bei E. A. Freeman verzeichneten Namen[29], die Tradition des Ritterromans und seiner Helden im 19. Jahrhundert am entschiedensten verlassen. Unkonventionell sind bereits Erscheinungsbild und Gebärden De Aquilas. "Little like his father, but terrible", bevorzugt er große Kriegspferde, kommt aber nur mit Mühe in den Sattel: "... hopping abroad, foot in stirrup, and poking his horse in the belly with his toe .." (P 44). Im Gespräch mit Sir Richard und Hugh hockt er "on the straw like an eagle, ruffled in her feathers, his yellow eyes rolling above the cup .." (P 55). Beim großen Versöhnungsfest von Sachsen und Normannen steigt er auf einen Schemel "and spoke to them in what he swore was good Saxon, but no man understood it .." (P 61). Durchweg läßt Kipling in der Schilderung De Aquilas die edelmännisch-heroische Emphase fort, die noch bei Sir Arthur Conan Doyle zum Bild des idealen Ritters gehört (s. u.), ein Verzicht auf Glanz und schöne Gesten, der sich auch in De Aquilas politischem Verhalten ausprägt. De Aquila besitzt ebenso ein Verhältnis zur politischen Macht wie die Fähigkeit, ihre Träger (und auch sich selbst) zu relativieren. Die Geschichte von Sir Fulke in "Old Men in Pevensey" ist Höhepunkt solcher Relativierung und gleichzeitig charakteristisch für Kiplings Tendenz, einem an sich ernsthaften Geschehen eine erheiternde Wendung zu geben[30].

Als Herr von Pevensey bewacht De Aquila in "Old Men .." England für seinen König, Heinrich I., gegen Robert von der Normandie und die mit diesem komplottierenden englischen Barone. Auch hier herrscht kein Kinderbuchstil im herkömmlichen Sinn. De Aquilas Leitsatz, daß Kämpfen oft Torheit sei und "craft and cunning is all" (P 44), entspricht u. a. sein Ausspähen und Sammeln von Informationen, das Sir Richard so beschreibt: "When the wind ceased and ships anchored, to the wharf's edge he would go and, leaning on his sword among the stinking fish, would call to the mariners for their news from France .." (P 109). Dem pointierten Hinweis auf eine sehr triviale Situation entspricht De Aquilas Handeln gegenüber seinem Schreiber Gilbert, der De Aquilas scheinbar illoyale Scherze über Heinrich I. heimlich für Sir Fulke no-

---

[29] Daß Kipling Edward A. Freemans *History of the Norman Conquest* (6 vols, 1867–69) und des Freeman-Schülers John Richard Greens *History of the English People* (4 vols, 1877–80) benutzte, ist bei seiner sogar das *Domesday Book* einschließenden Belesenheit (Carrington, p. 442) und angesichts vieler einzelner Übereinstimmungen so gut wie sicher. Dabei dürfte Freeman durch seine Faktenfülle, Green dagegen durch die farbigere Erzählweise (häufige direkte Reden usw.) für Kipling bedeutend gewesen sein. Der Name Gilbert De Aquila ist vermutlich von Kipling in Anlehnung an Freemans Gilbert of L'aigle (IV, 659 f.) in die normannischen Geschichten eingesetzt worden.

[30] Zum Folgenden (wie vielen anderen Puck-Erzählungen) vgl. Nicolai Hartmanns Ausführungen zur Komik des "Widersinns" und der Inkongruenz als auslösende Momente für die Komik (*Ästhetik*, 37. Kapitel: "Das Wesen der Komik").

tiert, und gegenüber Fulke selber, der De Aquila beim König anschwärzen, seine Abberufung aus Pevensey erreichen und so Robert den Weg frei machen will, mit dem er komplottiert. Aber Gilbert wird ertappt, und der ahnungslosselbstherrlich Pevensey besuchende Fulke wird dazu gebracht, seine Intrigen aufzugeben. Kern der Situation, in der Fulke in den leeren Schacht des Schloßbrunnens gehängt und von dem bei Flut emporsteigenden Meer fast ertränkt wird, ist wieder die Bloßstellung eines Überheblichen, an der sich zwei Aspekte von Komik erkennen lassen. Anfangs geht es um die Komik eines einigermaßen brutalen *practical joke* gegenüber dem um sein Leben winselnden Intriganten (das De Aquila ihm im Ernst doch garnicht nehmen will). Kipling hat derartige Effekte auch in seinen indischen Geschichten oft angebracht[31]. Wesentlicher ist, wie der drastische, erpresserische Trick Fulke zum Geständnis seines Verrats zwingt und wie dies Geständnis in seiner paradoxen Mischung von Gemeinheit, Angst und Intriganten-Stolz komisch ist. Sir Richard erinnert sich:

> '*I have heard many tales, but never heard I aught to match the tale of Fulke his black life, as Fulke told it hollowly, hanging in the shaft.*'
> '*Was it bad?*' *said Dan, awestruck.*
> '*Beyond belief,*' *Sir Richard answered.* '*None the less, there was that in it which forced even Gilbert to laugh. We three laughed till we ached. At one place his teeth so chattered that we could not well hear, and we reached him down a cup of wine. Then he warmed to it, and smoothly set out all his shifts, malices, and treacheries, his extreme boldnesses (he was desperate bold); his retreats, shufflings, and counterfeitings (he was also inconceivably a coward); his lack of gear and honour; his despair at their loss; his remedies, and well-coloured contrivances. Yes, he waved the filthy rags of his life before us, as though they had been some proud banner ...*' (P 126).

Komik besteht hier in der Unvereinbarkeit vieler Elemente. Mit Fulkes stolzem Anritt auf Pevensey – "armed men rode over the hill, the Golden Horseshoes flying behind the King's banner" (P 120) – kontrastiert sein Verrätertum. Mit seinem erpreßten Geständnis kontrastiert wiederum sein Stolz auf seine Intrigen. Nichts geht hier von der Sache her auf, aber weil Ful-

---

[31] Vgl. dazu Elliot L. Gilbert, *The Good Kipling – Studies in the Short Story* (Manchester, 1972, Chapt. 6: "The Aesthetics of Violence"). Gilbert zitiert auch die zahlreichen empörten Angriffe Robert Buchanans, George Orwells, Richard Le Galiennes u. a. m. gegen Kiplings angebliche "unaffected love of brutality" und hebt demgegenüber den Unterschied zwischen der objektiven Brutalität eines Geschehens und dem – durchaus möglichen – Mitgefühl von Autor oder *Short Story*-Figuren für die Opfer solcher Brutalität hervor; durch dieses Mitgefühl werde die Gesamtwirkung schließlich gemildert. Daß dies auch humoristisch geschehen kann, bemerkt Gilbert nicht.

kes Gegner, De Aquila voran, die Situation politisch-realistisch und komisch nehmen, ergibt sich eine Lösung. Gilbert wie Fulke werden verschont, der letztere, um dem König nur das Beste über De Aquila zu berichten. Sein Sohn bleibt als Pfand seiner Treue zurück, und wenn Fulke abreitet, so hat er auch schon wieder seinen scheinhaften Stolz wiedergewonnen: "... when he rode away at noon under his own and the King's banner very splendid and stately did he show ..." (P 130). Dem Verständnis des jugendlichen Lesers wird hier viel zugemutet. Das Banner, mit dem Kipling das Wort von den "filthy rags (...) as though they had been some proud banner" nochmals aufgreift, ist nicht das dekorative Ritter- und Königszeichen anderer Geschichten Englands für die Jugend. Wie De Aquila kein Kinderbuch-Held ist, so ist Fulke kein Kinderbuch-Schurke. Der eindeutige moralische Nenner fehlt durchaus. Denn auch De Aquilas Verhalten ist nicht ethisch ritterlich, wie es historische Jugendbücher vor und neben Kipling kennen. Ihr idealisches Ritterbild geht letzten Endes auf Scott zurück, hat aber auch seine Entsprechung bei Carlyle, Bulwer-Lytton, Charles Kingsley und Tennyson, der in den *Idylls of the King* jene Ritterlichkeit – "the old reverence and chivalrous feeling" – feiert, die in der Gegenwart verkümmert sei[32]. Dieses Bild vom mittelalterlichen Ritter, das sich bei Charlotte Yonge, Richard Church, J.G.Edgar, G.A.Henty u.a.m. in der 2. Hälfte des 19. Jahrhunderts wiederfindet[33], beherrscht noch historische Erzählungen am Anfang des 20. Jahrhunderts (ganz ausgestorben ist es bis heute nicht). Wie Kiplings Ritter sich von der Tradition des 19. Jahrhunderts abheben, läßt sich besonders gut dort veranschaulichen, wo diese Tradition noch nach 1900 lebendig ist. Die Puck-Geschichten erschienen, ehe sie in Buchform zusammengefaßt wurden, in *The Strand Magazine;* die sächsisch-normannischen Erzählungen in den Jahren 1905–1906. In den gleichen Heften veröffentlichte der Kipling befreundete Sir Arthur Conan Doyle *Sir Nigel* als chevareleske Abenteuergeschichte aus dem 14. Jahrhundert[34], deren Titelheld alle Anforderungen der Scott-Bulwer-Schule erfüllt. Für die Ritter, die hier, mit Nigel an der Spitze, die Handlung bestimmen, gilt: "There

---

[32] *Alfred Lord Tennyson: A Memoir – By His Son* (1897, II, 337).

[33] Vgl. zum historischen Roman vor Kipling besonders Avrom Fleishman, *The English Historical Novel: Walter Scott to Virginia Woolf* (Johns Hopkins Press, Baltimore and London, 1971) mit den entsprechenden, meist kurzen Abschnitten zu den oben Genannten.

[34] Doyle und Kipling waren häufig in Zeitschriften gleichzeitig vertreten, so schon 1890 in *Lippincott's Monthly Magazine* (mit Doyles *Sign of Four* und Kiplings *The Light that Failed;* vgl. Carrington, 212 f. und passim zur Freundschaft der beiden Erzähler). Die Auswirkungen persönlicher wie literarischer Beziehungen läßt sich gerade angesichts solcher Veröffentlichungen in den gleichen Zeitschriften verfolgen und ist noch kaum beachtet worden. Im *Strand Magazine* 1905–06 erschienen z.B. auch die Kinderromane *The House of Arden* und *The Story of the Amulet* von Edith Nesbit, mit der Kipling manches gemeinsam hat (s.u. S.67ff.) – Zu Doyle besonders: Pierre Nordon, *Sir Arthur Conan Doyle, L'Homme et l'Oeuvre (Etudes Anglaises,* 17; Paris 1964), Chap. XVI: "Les romans Historiques .." mit einer guten Darstellung von *Sir Nigel,* den der Verf. ganz der Scott-Schule zurechnet.

was a comradeship among men of gentle blood and bearing which banded them together". Zwar gibt es auch den "Butcher of La Brohinière", der seiner adligen Abkunft Unehre macht, aber er wird besiegt. Die Trennungslinie zwischen Guten und Schlechten ist eindeutig[35]. Bei Kipling gilt das allenfalls für Sir Richard und Hugh, nicht für Fulke und auch nicht für De Aquila, die Hauptakteure des Kampfes um die Sicherheit Englands, die beide den taktischen Trick und die ironische List dem prächtigen Waffengang vorziehen. Weil De Aquila die Sicherheit Englands bewahren will, ist er Fulke zwar moralisch überlegen, aber dieses nationale Ethos ist pragmatisch und unbedenklich und kennt keine Illusionen über Politik und geschichtliche Macht. Wie er pauschal von "us Norman thieves" (P 57) spricht, so liebt er das Heimlichtun, das Komplottieren, selbst den Verrat, wenn dieser seinen Zwecken dient. Sein Wort "Write to any man that all is betrayed (…) and even the Pope himself would sleep uneasily" (P 124), kennzeichnet einen selbstkritischen Witz, der auch Fulke verstehen kann, sich aber von der gradlinigen Hochgemutheit der Ritter bei Scott, Bulwer-Lytton, Kingsley, Henty oder Doyle grundlegend unterscheidet.

Derartiges findet sich in den Parnesius-Geschichten nur selten ("A Centurion of the Thirthieth", "On the Great Wall", "The Winged Hats"). Der Centurio Parnesius und sein Freund Pertinax, von Maximus an den Hadrianswall entsandt, haben in ihrem verzweifelten Kampf an der nördlichsten Bastion Roms gegen die wikingschen "Flügelhelme" Vorbild-Charakter, gleichgültig, ob Kipling mit diesen Geschichten und ihrer spürbaren Analogie zwischen Rom und dem britischen Empire imperialistische Ermutigung bezweckte, oder ob sie seine Zweifel an der Dauer aller geschichtlichen Größe ausdrücken sollten[36]. Das einleitende Gedicht "Cities and Thrones and Powers" spricht eher für eine skeptische Haltung. Zwar endet die Folge der drei Erzählungen mit einem nochmaligen Sieg Roms, wenn zwei frische Legionen die kaum noch widerstandsfähigen Truppen am Wall verstärken und die Nordleute in

---

[35] Stellen wie die folgenden sind für Doyles Stil charakteristisch. Während bei Kipling immer wieder eine Tendenz zur Relativierung und zum humoristischen *understatement* spürbar ist, sieht Doyle am Romanschluß seinen Helden als Sieger über alle Intrigen und schurkischen Gegner: "In many lands did Nigel carve his fame, and ever as he returned spent and weary from his work he drank fresh strength and fire and craving for honour from her who glorified his home .." Wie die Liebe seiner Gattin und sein Heim hier Motive für die Ehre als höchstem Wertbegriff des Romans sind, so ist auch der unmittelbare Romanschluß optimistisch. Nach dem Tod Nigels: "The body may lie in mouldering chancel, or in crumbling vault, but the rumour of noble lives, the record of valour and truth, can never die, but lives on in the soul of the people …" usw. (*Sir Nigel*, London, 1964, pp. 392–93). Kiplings Stil unterscheidet sich schon durch seine Umgangssprachlichkeit von dieser anspornenden Rhetorik, die im übrigen lange Zeit ihre Leser fand (die hier zitierte Ausgabe von 1964 ist die 19. Auflage des Romans).

[36] Zur Parallele zwischen römischem und britischem Imperium liegt eine breite Literatur vor, für die noch Edward Shanks, *Rudyard Kipling: A Study in Literature and Political Ideas* bezeichnend ist (London, 1940, bes. pp. 107 ff.). Zur neueren Einschränkung dieser Auffassung vgl. Anm. 11 der vorliegenden Studie.

die Flucht schlagen. Breiter und eindrucksvoller als dies eilige *happy ending* sind jedoch die Schilderungen von der Öde des von Truppen entblößten nördlichen Britannien, vom Machtkampf zwischen Maximus, Gratianus und Theodosius, von der inneren Schwächung Roms und von der gesunkenen Moral der bunt zusammengewürfelten Truppen am Wall, in dessen zugemauertes Tor jemand das Wort "Finish!" eingeritzt hat. Was Parnesius berichtet, ist Illustration dieser ominösen Inschrift und zeigt die letzten Anstrengungen eines bereits zerfallenden Weltreichs aus der Perspektive seiner nördlichsten Provinz. Die zwei Freunde, in denen sich dieser letzte Verteidigungswille konzentriert, erscheinen als Vertreter der in "If –" vorgetragenen Ideen. Verbissen kämpfend, sind sie doch von der Aussichtslosigkeit der politischen Lage ebenso überzeugt wie von der eigenen Todgeweihtheit: "We are finished men ...", "We're (...) the men without hope ...", und zu Maximus: "Hail Caesar! We, about to die, salute you!" (P 201). Das Schicksal Roms sehen sie damit richtig, das eigene freilich nicht, denn sie werden nicht sterben.

Dem *Geschehen,* das Parnesius wiedergibt, nimmt das nichts von seiner Schwere. Anders steht es mit den *Gestalten* der beiden jungen Römer, besonders mit der des Parnesius. Er bleibt die ganzen Geschichten hindurch die junge, unbeschwerte Figur, die er eigentlich nicht sein dürfte, wenn man es mit der Zeitfolge genau nähme. Als er in "A Centurion of the Thirthieth" den Kindern erstmals durch Puck zugeführt wird, müßte er die Spuren der Erlebnisse aufweisen, die er dann wiedergibt. Am Schluß von "The Winged Hats" stellt er sich und Pertinax als zermürbt und gealtert dar. Der Kommandant der rettenden Legionen erkennt die beiden Männer nicht sogleich, als er nach ihnen fragt. "We said we were those men. 'But you are old and grey-haired?', he cried. 'Maximus said that they were boys.'" (P 233). Indem Kipling dagegen einen jung "gebliebenen" Parnesius in Gegenwart der Kinder sprechen läßt, lockert er den Eindruck der Ereignisse auf, in die dieser verwickelt "war", und häufig vollzieht sich dies nun in humoristischer Einschränkung, die den Kampf um Britannien nicht verharmlost, ihm aber doch komische Aspekte abgewinnt. Humorvoll spricht Parnesius bereits zu Beginn von seiner dicken numidischen Amme, von seinem Vater, von Aquae Sulis ("All the old gluttons sit in hot water ..." etc.) oder von Maximus, dessen Tonfall wie das Wiehern eines iberischen Maulesels sei. Vor allem bedeutet diese Haltung die innere Überwindung dessen, was Parnesius erlebt. In "On the Great Wall" tritt er bei seiner zweiten Begegnung mit Dan und Una mit dem Lied "When I left Rome for Lalage's sake ..." auf, das Kiplings Affinität zu Horaz [37] ebenso verrät wie

---

[37] Das starke und produktive Interesse Kiplings für Horaz kann hier nicht in die Darstellung einbezogen werden; verwiesen sei auf Paul Mackendriks Aufsatz "Kipling and the Nature of the Classical" (*Classical Journal* 52 (1956) 67–75), der freilich ebenso wie R. L. Greens "Kipling and Horace" (*Kipling Journal,* December, 1957) allzu kurz ist. – Zu den *Music Halls* s. u. S. 61 f.

den Einfluß der *Music Halls* und des Soldatenlieds. Parnesius bezeichnet es als "one of the tunes that are always being born somewhere in the Empire. They run like a pestilence for six month or a year ..." Es endet:

> 'And I've tramped Britain, and I've tramped Gaul
> And the Pontic shore where the snow-flakes fall
> As white as the neck of Lalage –
> (As cold as the heart of Lalage!)
> And I've lost Britain, and I've lost Gaul',
>   (the voice seemed very cheerful about it),
> 'And I've lost Rome, and ,worst of all,
> I've lost Lalage!' (P 167)

Die Schneeflocken an der pontischen Küste und der Verlust Roms und Britanniens, von denen so unbeschwert gesungen wird, bereiten den Leser auf den winterlichen Kampf am Wall vor, nehmen diesem aber gleichzeitig etwas von seiner Furchtbarkeit. Eine ähnliche Funktion haben die Erinnerungen des Parnesius an seine Karikaturen, auf denen er eine Reihe Weinschläuche als "Maximus' soldiers" bezeichnet, an den weinseligen Kommandanten des Walls u. a. m. Mit der Schilderung seiner bedrückten Stimmung verbindet sich ein Lachen, das oft erwähnt wird und das der alte Pikte Allo nicht begreift: " 'You're a fool', said Allo. 'Your gods (...) are threatened by strange Gods, and all you can do is to laugh.'" (P 182). In Wahrheit ist dieses Gelächter nicht töricht; in ihm vermengen sich jugendliche Vitalität, Galgenhumor und vor allem die Fähigkeit, sich selbst relativ zu nehmen. Zu diesem Eindruck trägt im Lauf der drei Erzählungen indirekt auch Puck bei. Wie er, auf einem Baumast sitzend, Parnesius den Helm an dessen Roßschweif vom Kopf zieht, ist dafür ebenso Beispiel, wie sein Kommentar, als Parnesius Pertinax preist: " '... my friend (...) was then thousand times better than I. Stop laughing, Faun!' – 'Oh Youth Eternal and All-believing', cried Puck, as he rocked on the branch above." (P 152, 177). Wie schon in dem Lalage-Lied nimmt Parnesius am Ende von "The Winged Hats" schließlich selbst die Größe Roms heiter. Den beiden Freunden wird, als sie am Wall abgelöst werden, durch den neuen Kommandanten ein Triumphzug in Rom in Anerkennung ihrer Verdienste angeboten. Sie lehnen ihn ab: "I ask you of your kindness to let us go to our homes and get this smell out of our nostrils", sagt Pertinax. Das unmittelbar Zweckmäßige ist wichtiger als die feierliche Ehrung. So wirkt auch des Pertinax letzter lakonischer Satz ironisch-überlegen: "None the less they gave us a Triumph!" (P 224).

Daß der triumphale Empfang in Rom mit keinem Wort beschrieben und als lächerlich-ungemäß empfunden wird, lenkt den Blick auf die allgemein in *Puck* und *Rewards* feststellbare Tendenz, Aufzüge, Zeremonien und repräsentatives Gepränge jeder Art entweder auszusparen oder nur mit ironischem Vorbehalt zu erwähnen. Bergsons Beobachtung trifft hierauf zu, daß jedes Zeremoniell komisch wirke, wenn es nicht mehr mit seinem eigentlichen Sinn identisch ist[38]. Solche Komik hat der Weland-Opferdienst, dem keine echte Opfergesinnung mehr innewohnt; ebenso ist Fulkes stattlicher Abzug aus Pevensey komisch, weil seinem flatternden Königsbanner keinerlei Loyalität entspricht. Am Schluß von "Hal o' the Draft" findet sich ähnliches, der Erzählung des Malers Harry Dawe, der aus Sussex nach Oxford und von dort wieder nach Sussex kam, um die Dorfkirche St. Barnabas zu restaurieren, von den Einheimischen keine Unterstützung für seine Arbeit bekommt und schließlich herausfindet, daß die Eisengießer des Orts die für Heinrich VII. bestimmten Kanonen eben in St. Barnabas, wo angeblich der Teufel umgeht, stapeln, um sie dann dem Piraten Andrew Barton zu verkaufen. Wie Hal und Sebastian Cabot, der Vertreter des Königs, das Komplott entdecken, die Schmuggler, als Teufel verkleidet, in die Flucht jagen und schließlich sich alles mit Hilfe des Friedensrichters Sir John zum Guten löst, ist Inhalt eines Berichts, der auf den ersten Blick bloße Schelmengeschichte ist. Aber auch hier reicht das Komische über den bloßen Spaß und die Farce der Teufelsszene im nächtlichen Kirchturm hinaus. Kipling bereitet die Vertiefung bereits am Anfang vor, wenn der Maler die Kinder trifft, Puck portraitiert und locker von sich berichtet, noch ehe die eigentliche Geschichte um St. Barnabas anfängt. Die einleitende Situation umfaßt ein gutes Drittel von "Hal o' the Draft", und wieder arbeitet Kipling hier mit "overlaid tints and textures". In Hals Selbstcharakteristik kommt immer wieder der Begriff des Stolzes vor. Er war stolz als einer der Oxforder "master-craftsmen of all Christendie – kings in their trade and honoured of Kings", Beispiel von "sinful pride", "proud of one Torrigiano's arm on my shoulder, proud of my knighthood when I made the gilt scrollwork for the *Sovereign* – our King's ship ...", zu stolz eigentlich, um sich der kleinen St. Barnabas Church zu widmen, denn er kam nicht, um Gott zu dienen, sondern "to show my people how great a craftsman I was" (P 233–238). Als er den, ihm noch unbekannten, Truthahn erblickt, erkennt er in ihm: "Here's Pride in purple feathers! Here's wrathy contempt and the Pomps of the Flesh!" (P 236). Von hier aus entwickelt sich die weitere Erzählung. Hal hält sich für besser als die Leute des Dorfs, und als er und Sebastian am Schluß das Komplott empört Sir John anzeigen, schreit seine Selbstgefälligkeit nur nach Strafe für "black treason" gegen den Gießer Collins: "When I think how he and his likes have baulked and dozened and cozened me ... I choked at the

---

[38] "On pourrait dire que les cérémonies sont au corps social ce que le vêtement est au corps individuel: elles doivent leur gravité à ce qu'elles s'identifient pour nous avec l'object auquel l'usage les attache, elles perdent cette gravité dès que notre imagination les en isole. De sorte qu'il suffit, pour qu'une cérémonie devienne comique, que notre attention se concentre sur ce qu'elle a de cérémonieux, et que nous négligions sa matière .." etc. (*Le rire*, p. 46). Höhepunkt dieser Komik ist "The Wrong Thing" (*Rewards*).

thought …" (P 243). Der Friedensrichter aber lacht, bis ihm die Tränen kommen, und setzt joviale List gegen Hochverrat. In der zur Schau getragenen Meinung, die Kanonen seien für den König in St. Barnabas gestapelt, reitet er stattlich zur Kirche:

> 'We poured into the village on the red edge of dawn, Sir John
> horsed, in half-armour, his pennon flying; behind him thirty
> stout Brightling knaves, five abreast; behind them four
> woolwains, and behind them four trumpets to triumph over
> the jest, blowing: Our king went forth to Normandie. When
> we halted and rolled the ringing guns out of the tower, 'twas
> for all the world like Friar Roger's picture of the French siege
> in the Queen's Missal-book.'
> 'And what did we – I mean, what did our village do?'
> said Dan.
> 'Oh! Bore it nobly – nobly,' cried Hal. 'Though they had tricked me,
> I was proud of them. They came out of their housen, looked at
> that little army as though it had been a post, and went their
> shut-mouthed way. Never a sign! Never a word!' (P 246)

Die Lösung erfolgt so durch eine Komödie, in der alle wohl oder übel mitspielen, in der "triumph" und "jest" zusammenfallen, und die umso erheiternder ist, als die staatliche Autorität ihren bewußt zeremoniösen Eintritt selbst nicht ernst nimmt. Nicht nur die geldgierigen Dörfler erhalten so eine milde Lehre, sondern auch Hal. Seine Worte "I'd had my lesson against pride" und sein amüsierter Stolz nicht auf sich selbst, sondern nun auf seine Mitbürger, bezeichnen eine für Kipling nicht nur in den Puck-Bänden wichtige Erkenntnis. Überheblichkeit und Zorn zerbrechen erst im Lachen, ein Vorwurf, den der Autor nochmals in *Rewards* aufgreifen wird ("The Wrong Thing").

IV.

Zum Schluß von *Puck* enthalten "Dymchurch Flit" als stark märchenhafter Bericht von der Flucht der Unterirdischen vor der Grausamkeit der Reformation und "The Treasure and the Law" mit der Geschichte des Juden Kadmiel und John Lacklands nur wenige humorvolle Elemente. Sie begegnen jedoch gleich in der ersten, von Puck selbst erzählten, Geschichte von *Rewards and Fairies* wieder ("Cold Iron"). Kipling hält hier die Mitte zwischen Märchen und Historie, wenn er Puck von einem Sklavenkind aus angelsächsischer Zeit erzählen läßt, das von den Elfen – Sir Huon von Bordeaux und seiner Königin Lady Esclairmonde – aufgenommen und erzogen wird. Sie können es, weil der Knabe im Freien geboren wurde und nie mit Eisen in Berührung gekommen ist, das die "People of the Hills" scheuen. Aber Thor hat, von Puck beobachtet, einen Gegenstand geschmiedet und auf eine Wiese geworfen, der sich später als eiserner Sklaven-Ring erweist; der Knabe findet ihn durch Zufall, legt ihn sich im Spiel um den Hals und als die Schließe einschnappt, ist der Elfenliebling wieder im Stande seiner Herkunft [39]. Das ist sehr verschieden interpretiert worden. Man hat die Magie, die der Knabe von Huon lernt, als Symbol der "poetic imagination" verstanden und die Rückkehr des Knaben in die Welt der Menschen am Schluß als entsagungsvolles Opfer des Dichters [40]. Andererseits wurde das ganze Geschehen als ernsthafte Verdeutlichung des Schicksalthemas gesehen, das ja auch in anderen Kiplingschen Werken eine große Rolle spielt: "Cold Iron" veranschauliche, daß niemand der ihm zubestimmten *necessity* zu entgehen vermöge [41]. Hier ist Kritik am Platz. Des Knaben Rückkehr in die Welt der "folk in housen" ist schicksalsbedingt, aber eben weil er sie nicht beabsichtigt, läßt sie sich nicht wohl als Opfer deuten, ganz abgesehen davon, daß er nicht Allegorie des "poet" ist. Sollte solch eine Allegorie gemeint sein (das Wort "poet" kommt in "Cold Iron" nirgends vor), so allenfalls im Sinne eines ausschweifenden, unkontrollierten Poetisierens, mit dem sich der Knabe eine verspielte Ersatzwelt errichtet. Denn es geht hier offenbar um zwei Arten der Wirklichkeit: die der Magie, die die Elfen ihrem Liebling beibringen, und die der pragmatischen Realität der Menschen, zu der er schließlich zurückkehrt. In der Spannung zwischen beiden Bereichen kommt das Humoristische dieser Erzählung zum Ausdruck, nicht zuletzt, was den

---

[39] A. M. Weygandt (a. a. O., p. 18) verweist auf Lord Berners' Übersetzung des *Huon of Bordeaux* (1534) als mögliche Anregung, jedoch dürfte *A Midsummer Night's Dream* ebenso wichtig gewesen sein. Die Geschichte des Knaben ist ohnehin Kiplings Erfindung.

[40] Bodelsen, pp. 46 ff.

[41] Dobrée, p. 157 f.

Berichts-Stil Pucks angeht. Der Knabe erscheint als Zauberlehrling, der magische Formeln beigebracht bekam, sie aber ohne Sinn und nur unvollkommen anwendet. Oft ist es nicht einmal ihre Kraft, die Vögel ihm zufliegen oder Bäume sich ihm zuneigen läßt, sondern "his own dear self and not the words that worked the wonder" (R 14). Seine Magie, "The High, Low, and Middle Magic", läßt ihn unbefriedigt:

> 'One hot night I saw the Boy roving about here wrapped in
> his flaming discontents. There was flash on flash against the
> clouds, and rush on rush of shadows down the valley, (…)
> and the woodways were packed with his knights in armour
> riding down into the water-mists – all his own Magic,
> of course. Behind them you could see great castles lifting slow
> and splendid on arches of moonshine, with maidens waving
> their hands at the windows, which all turned into roaring
> rivers; and then would come the darkness of his own young
> heart wiping out the whole slateful. But boy's Magic doesn't
> trouble me – or Merlin's either for that matter.
> I followed the Boy by the flashes and the whirling wildfire of
> his discontent, and oh, but I grieved for him! (…) He pounded
> back and forth like a bullock in a strange pasture – some-
> times alone – sometimes waist-deep among his shadow-hounds –
> sometimes leading his shadow-knights on a hawk-winged
> horse to rescue his shadow-girls.' (R 19)

Bedenkt man Kiplings Reserve gegenüber der Idealisierung des Rittertums, so wird an den "knights in armour", den aufsteigenden Schlössern, den winkenden Jungfrauen, den Jagdhunden deutlich, daß diese Bilder nicht ernst zu nehmen und eher parodistischer Hinweis auf Scott und seine Nachfolger sind. Jedenfalls handelt es sich nur um Illusionen: Schatten, Nebel, Schatten-Jungfrauen haben keine feste Kontur und fließen ineinander. Ebenso widerspricht der Deutung dieser "boy's Magic" als dichterischer Imagination Pucks derbe Kennzeichnung des Knaben, der "wie ein Ochse auf fremder Weide" herumstampft. Seit Shelley, Coleridge, Wordsworth ist viel über die Imagination des Dichters nachgedacht worden, nicht immer konsequent, aber fast durchgängig so, daß der Imagination Gewicht, Ernst, ja die Kraft zuerkannt wurde, das Wesen der Realität zu erschließen. Davon spürt man hier nichts: des Knaben Schattenbilder sind Phantasmagorien, die aus der Frustration kommen und Selbsttäuschung bleiben. Vollends läßt sich das erkennen, wenn man an die Bedeutung von Schein und Sein in *Puck* und *Rewards* und an Pucks Ironie gegenüber allem denkt, das bloßes Gedankenspiel und Illusion ist. Humoristisch beleuchtet werden in dieser Geschichte die illusionären Ambitionen Sir Huons und der Lady Esclairmonde, die erleben müssen:

> 'When morning came, Cold Iron was master of him and his
> fortune, and he went to work among folk in housen. Presently
> he came across a maid like-minded with himself, and they were
> wedded, and had bushels of children, as the saying is ...'
> (R 23)

Erwägt man zusätzlich die Hochschätzung aller menschlichen Arbeit und Leistung in den ganzen Puck-Geschichten[42], so ist der Umschlag vom Elfen-zauber ins Banale auch darum erheiternd, weil an dieser Stelle die Ungereimt-heit, in der der Knabe bisher lebte, nochmals verdichtet erscheint, ehe sie sich auflöst. Für "Cold Iron" sei dabei schon jetzt auf das der Erzählung folgende Gedicht "Cold Iron" verwiesen, das das "Kalte Eisen" allen anderen Metallen überordnet. Der Refrain "... Iron – Cold Iron – must be master of men all!" gipfelt in der letzten Strophe mit dem Bezug auf die Nägel des Golgatha-Kreuzes und dem Entschluß zur Demut:

> 'Crowns are for the valiant – sceptres for the bold!
> Thrones and powers for mighty men who dare to take and hold.'
> 'Nay!' said the Baron, kneeling in his hall,
> 'But Iron –cold Iron – is master of men all!
> Iron, out of Calvary, is master of men all!'

Das Gedicht gehört zu den ernsten Versen in Rewards; es widerspricht in-sofern der phantastisch-übermütigen Gestimmtheit der vorausgegangenen Erzählung. Jedoch läßt sich an ihm ablesen, daß der Übergang das Elfen-zöglings zum "Kalten Eisen" in der Menschenwelt nicht negativ gemeint und Pucks abschließende Bemerkung nicht zynisch ist[43].

"Gloriana" ist mit der Begegnung Elisabeths I. mit den Kindern Darstel-lung der harten Realpolitik der Königin und gleichzeitig der Idee der Auf-opferung für England, für die zwei junge Elisabethaner stehen; "The Knife and the Naked Chalk" nimmt später als fünfte Geschichte in Rewards das letztere Thema wieder auf, wenn der "Flint Man" zwar nicht sein Leben, aber doch sein Glück für die Rettung seines Stammes hingibt. Die beiden Geschichten

---

[42] Vgl. die Erzählungen um De Aquila und Parnesius sowie um Dawe (Puck) und "The Wrong Thing", "A Doctor of Medicine" u. a. m. (Rewards). Das gleiche Leistungsethos findet sich in zahlreichen anderen Arbeiten Kiplings und unterscheidet sich in vielem von dem der viktoriani-schen Zeit (dazu gut: Noel Annan, "Kipling's Place in the History of Ideas", Victorian Studies 3 (1960) 323–348).

[43] Das Gedicht läßt eine allmähliche, wenn auch undogmatische Wendung zum Christlichen erkennen (das allerdings hier durch den an das Mittelalter anklingenden Stil historisch verfremdet erscheint). Bodelsen glaubt, in Pucks Worten "When morning came .." usw einen "apparently cynical tone" (a. a. O., p. 49) zu erkennen.

sind die ethisch strengsten des Bandes. "The Wrong Thing" als drittes Stück von *Rewards* dagegen ist wieder farbige Darstellung eines ähnlichen Themas wie in "Hal o' the Draft". Der Maler, dem die Kinder diesmal bei dem Baumeister Springett begegnen, ist auch hier Zentralfigur. Zwar spielen sich die berichteten Ereignisse v o r Hals Arbeit an St. Barnabas ab, aber daß "The Wrong Thing" erst nach "Hal o' the Draft" geschrieben wurde, läßt sich schon daraus erkennen, daß Kipling eine Stelle der früheren Erzählung nun korrigiert. Berichtete Hal dort von seinem Stolz auf die ihm von Heinrich VII. verliehene Ritterwürde, so wird eben dieser Stolz in "The Wrong Thing" in seiner Nichtigkeit desavouiert, und in seine Bloßstellung und drollige Umwandlung wird nun auch der König selbst einbezogen. Wieder stellt Kipling historisch bezeugte Gestalten in einen eigenen Kontext. Authentisch sind Henry Dawe, Pietro Torrigiano als Schöpfer des Grabmals Heinrichs VII. in Westminster Abbey, der König selbst und die *knighthood* Dawes. Daß demgegenüber Anlaß und Zeitpunkt des Ritterschlags unhistorisch sind, tut nichts zur Sache [44].

Es geht, wie schon das einleitende Gedicht "A Thruthful Song" zu verstehen gibt, zunächst um die Bedeutung der ehrlichen handwerklichen und künstlerischen Leistung. Hals Heiligenfiguren für das Grabmal sind so vortrefflich, daß Torrigiano ihn vor allen anderen umarmt. Das trägt ihm den tödlichen Haß des Frescomalers Benedetto ein, dessen Arbeit nach Hals Worten "goes no deeper than the plaster". Er ist wie berauscht: "… after Torrisany had put his arms around my neck, (…) I lay there was not much odds 'twixt me and a cock-sparrow in his pride" (R 67). Der königliche Auftrag, ein "scroll-work" für den Umbau der *Sovereign* zum "pleasure-ship" der Königin Katherina zu entwerfen, steigert diese Überheblichkeit noch, wenn er auch bald merkt, daß seine eilig hingeworfene Skizze "bad – rank bad" ist. Obwohl auch Torrigiano sie als Pfuscherei bezeichnet, geht sie an den König, und dieser schlägt Hal zum Ritter.

In dem Verleihungsakt und dem, was auf ihn folgt, verbinden sich die bereits aus *Puck* bekannten Vorstellungen von der Fragwürdigkeit des Stolzes, der historischen Größe und des Hasses in komischer Situation. Hal begegnet dem König in einem unbekannten Haus, in das er ohne Nennung eines Grundes bestellt wird, in einem engen und kalten Zimmer "vilely hung with Flemish tapestries" (R 71) – aber er hält den "long-nosed man in a fur cap", der ihm dort entgegentritt [45], für "some cheeseparing clerk or other of the King's

---

[44] Vgl. C. W. Scott-Giles, "Historical Background of some 'Puck' Stories" (*Kipling Journal*, June 1961). Scott-Giles' Nachweise Kiplingscher Datierungsfehler im einzelnen erbringen für eine Interpretation ebensowenig wie seine Vermutung, Kipling habe "The Wrong Thing" geschrieben, weil er 1899 die ihm angebotene *knighthood* abgelehnt habe.

[45] Auffällig ist die Ähnlichkeit dieser Beschreibung mit der Büste Heinrichs VII., die von Pietro Torrigiano stammt (jetzt im Victoria and Albert Museum).

Ships" (R 71). Tatsächlich wirkt Heinrich bei Kipling als Persiflage des Herrschers, den John Richard Green in der *History of the English People* charakterisiert als "… a poetic dreamer rather than (…) a statesman", und von dem Green meint: "to the last Henry's mind remained imaginative and adventurous. (…) His tastes were literary and artistic (…). The chapel of Westminster which bears his name reflects his passion for architecture" etc. (II, 67ff). Solch ein Elogium kommt zwar in C.R.L.Fletchers *History of England* nicht vor, die ein Jahr nach *Rewards* erschien (1911), aber wenn Fletcher Heinrich auch keinen Kunstverstand zuspricht, so kennzeichnet er doch die politische Leistung von "Henry the Prudent", der dem Land den Frieden brachte und den Handel förderte, durchweg positiv[46]. Für das Bild Heinrichs, das Kipling entwirft, könnte er Dickens' *Child's History of England* (1851– 53) in Erinnerung gehabt haben, in der der König "would do almost anything for money", ja, er hat Dickens' Wort von Heinrichs "darling money" noch überboten[47]. Von Heinrichs künstlerischem Geschmack bleibt nichts übrig, wenn der Herrscher das "scroll-work" Dawes begeistert lobt: ".. your draft's a fine piece of work" (R 72); was ihn lediglich beunruhigt, sind die Kosten, die die Ausführung erfordern werde, denn Blattgold sei teuer. Erst als Dawe ihm versichert, der überschwere Bugzierrat werde, da das Schiff auch für die hohe See bestimmt ist, beim ersten starken Wellengang abbrechen, ist der Herrscher befriedigt. Während Dawe seinen Entwurf, der ihm während des Gesprächs zunehmend abscheulich vorkommt, mitnehmen will, um ihn zu verbessern, gibt Heinrich das ganze Unternehmen freudig auf, weil "Master Dawe" ihm dreißig Pfund erspart hat: " you've given me good arguments to use against a wilful woman (…). His face shined with pure joy." (R 73). Der Maler will sich verabschieden, aber:

> 'He turns him round and fumbles in a corner. "Too pressed
> to be made a knight, Sir Harry?" he says, and comes at me
> smiling, with three-quarters of a rusty sword. I pledge you my
> Mark I never guessed it was the King till that moment.
> I kneeled, and he tapped me on the shoulder.'
> '"Rise up, Sir Harry Dawe," he says, and in the same breath,
> "I'm pressed, too," and slips through the tapestries, leaving me
> like a stuck calf.' (R 74)

Heinrich hat nichts Königliches und ist nur ein durch Ehe- und Geldsorgen bedrängter Knauserer, dessen Bewegungen etwas Mausartiges, Hastiges, Verstecktes haben. Der Ritterschlag hat ebenso alle Würde verloren: das halbabgebrochene, rostige Schwert, das der König aus der Zimmerecke heraus-

---

[46] A.a.O., p.113f.
[47] *Child's History* .. (Gadshill Edition, vol.XXX, pp.269 und 279). Vgl. auch die "Comic Histories" (dazu unten S.71ff.).

zieht, die Dürftigkeit und Kälte des Gemachs. Daß Sein und Schein hier ausein-
anderklaffen, ergibt sich, wenn Hal an die Kapelle Heinrichs denkt, die er zu
einem "triumph and glory for all time" hatte machen wollen. Aber eben dieser
Gegensatz zwischen dem Vermeintlichen und dem Erfahrenen ist nun komisch:

> '... I began to grin to myself. I thought of the earnest simplicity
> of the man – the King, I should say – because I'd saved him the
> money; his smile as though he'd won half France! I thought of
> my own silly pride and foolish expectations that some day he'd
> honour me as a master craftsman. I thought of the broken-
> tipped sword he'd found behind the hangings; the dirt of the
> cold room, and his cold eye, wrapped up in his own concerns,
> scarcely resting on me. Then I remembered the solemn chapel
> roof and the bronzes about the stately tomb he'd lie in,
> and – d'ye see? – the unreason of it all – the mad high humour
> of it all – took hold on me till I sat me down on a dark
> stair-head in a passage, and laughed till I could laugh no more.'
> (R 74–75)

Wie die Illusion Hals über den König, so zerbricht auch sein eigener Stolz;
auch für ihn trifft zu, was er von Heinrich sagt: dieser sei nur "wrapped up in
his own concerns" gewesen. Sein Gelächter gilt nun dem König wie den eigenen Ambitionen, und die befreiende Katharsis, die hier eintritt, betrifft dann
auch den Haß Benedettos, der ihm beim Verlassen des Hauses mörderisch den
Dolch an die Kehle setzt. "The mad high humour of it all" treibt auch ihn,
als Hal ihm von Heinrich berichtet, zu unwiderstehlichem Gelächter: "The
man was speechless with laughter – honest craftsman's mirth. The first time
I'd ever seen him laugh. (...) When he began to roar and bay and whoop in the
passage, I haled him out into the street, and there we leaned against the wall
and had it all over again. (...) 'Hal', he cries, 'I forgive thee. Forgive me too,
Hal. Oh, you English, you English! Did it gall thee, Hal, to see the rust on the
dirty sword? Tell me again, Hal, how the King grunted with joy!'" (R 76ff).
Die Versöhnungsszene ist äußerst turbulent; die ehemaligen Gegner taumeln
vor Lachen; ihre Wandlung vollzieht sich in Ekstase. Die entfesselte Heiterkeit
der beiden, die schließlich als Freunde zu Torrigiano gehen, der auch "laughed
till he rolled on the cold pavement" (R 77), gehört, wie Bodelsen gezeigt hat,
zu dem "kosmischen Gelächter", das sich bei Kipling immer wieder findet[48].
Wie stets in den Puck-Geschichten bezieht sich solches Gelächter auf die ab-
surde Widersprüchlichkeit und paradoxe Ungereimtheit von Sachverhalten,

---

[48] Bodelsen, a.a.O., Chapt.I: "The Relevation of Mirth", der jedoch die Komik in "The
Wrong Thing" nicht erwähnt. – Vgl. auch Kiplings "The Legend of Mirth" (*A Diversity of
Creatures*, 1917).

die zunächst ernst, feierlich und pompös scheinen, dann aber durchschaut werden. Wieder wird dabei eine Zeremonie komisch dargestellt, die zwar Rechtskraft hat, aber Glanz und Würde in bezug auf ihren Ort, ihre Ausführung, ihr Requisit und vor allem durch den Souverän einbüßt, der den Ritterschlag hastig und sparsam noch im Blick auf das zerbrochene, sonst unbrauchbare, Schwert vollzieht. Kommentiert und bestätigt wird Hals Bericht durch Mr. Springett, der Gleiches aus eigenster Erfahrung kennt, denn er hat "in Eighteen hundred Seventy-four" einem anderen Kunden die Kosten erspart, die sich nach dem Wunsch von "the gentleman's lady" ergeben haben würden, wenn Springett ihr "what she called a haw-haw (...) right acrost his park" errichtet hätte. Daß Hal und Springett über diese zeitlose Wiederholung gleicher Erfahrungen lachen, geht freilich über das Verständnis der Kinder: "Dan couldn't quite understand what they thought so funny.." (R 79).

In "Brother Square-Toes" und "A Priest in Spite of Himself" ist der Erzähler der Schmuggler Pharaoh Lee, und seine Berichte gelten der französischen Revolution, vor allem im Jahr 1793, dem Philadelphia der gleichen Zeit und schließlich dem Paris von 1799. Sie umfassen zum Teil authentisch Historisches; eigene Erinnerungen an Amerika, die viel zum landschaftlichen Hintergrund beitragen, verbinden sich mit ausgiebigen Quellenstudien Kiplings [49]. Wichtig werden die Mission des, um Amerikas Waffenhilfe werbenden, republikanischen französischen Gesandten Genêt, seine Abweisung durch Washington, Milieu- und Personeneindrücke aus dem Kreis der Mährischen Brüdergemeinde in Philadelphia und der dortigen französischen Emigranten, nicht zuletzt die Figur Talleyrands und gegen Ende die Napoleons als Konsuls des Jahres 1799. Lees Abenteuer führen ihn nach Philadelphia und später wieder nach Europa, wo ihm ein Schiff mit geschmuggeltem Tabak zuerst von den Franzosen abgenommen und dann durch Talleyrand doppelt ersetzt wird. Die Sicht, aus der er das alles erzählt, ist die des Picaro, der neugierig und schelmenhaft-weltoffen Ereignisse erfährt, in die er — meist wider eigenen Willen — ebenso hineingerissen wird, wie er zu Beginn von "Brother Square-Toes" an Bord der französischen Fregatte Genêts landet, die sein Boot nachts unabsichtlich rammt. Von Engländern, Franzosen und Zigeunern abstammend, hat Pharaoh keinen festen nationalen Standpunkt, wohl aber ein scharfes Gespür für den eigenen Vorteil und die Notwendigkeit, sich der jeweiligen Lage anzupassen. Schon auf der Fregatte führt das zu erheiternden Situationen, so wenn Pharaoh im Kreis der republikanischen Besatzung auf die Gesundheit Dantons trinkt: "I always helped drink any healths (...) An all-Englishman might have been shocked — but that's where my French blood saved me".

---

[49] A. M. Weygandt weist die Benützung von Abraham Ritters *History of the Moravian Church in Philadelphia* (1857) überzeugend nach ("R.K.'s Use of Historical Material", *Kipling Journal*, April 1955). Ein Vergleich ergibt, daß Kipling auch dies Material humoristisch verändert hat.

(R 154). Die Begeisterung der Leute von Philadelphia für die Revolution ist ihm unverständlich:

> 'They shouted, "Down with England!" – "Down with
> Washington!" – "Hurrah for France and the Republic!" I
> couldn't make sense of it. I wanted to get out from that crunch
> of swords and petticoats and sit in a field.' (R 155)

Denn Pharaoh interessiert sich nicht für die Politik, umso mehr aber für jede Art des Handels, den er mit dem Verkauf seiner angeblich echten "cap o' Liberty (...) straight from France" an einen begeisterten Amerikaner eröffnet. Diese, auch sonst vorkommende, Relativierung politischer Emotionen charakterisiert keineswegs nur den Erzähler; in den beiden amerikanischen Geschichten (wie auch sonst in den Puck-Bänden) erscheint Radikalität fast immer als lächerlich. Die von menschlichen Turbulenzen unberührte Natur der Neuenglandstaaten fungiert dabei zusätzlich als Antithese, wie auch in dem Lied "Philadelphia", das "Brother Square-Toes" einleitet. Nur "Big Hand" Washington, wie ihn Pharaohs indianische Freunde nennen, ist von jeder Kritik ausgenommen; anders Talleyrand, dem Pharaoh zuerst auf einem Fest der royalistischen Emigranten begegnet. Es ergibt sich dabei in den häufigen Gesprächen des Picaro mit dem ehemaligen Abbé eine Analogie zwischen beiden, die Talleyrand bei allem historischen Abstand dem Bild Pharaohs doch psychologisch und moralisch annähert. Beide erscheinen als Glücksritter; beide lieben das gerissene Wortgefecht; beide werden vor allem als Egoisten dargestellt. Pharaohs Egoismus, der sich im Handel und Schmuggel bewährt, ist freilich amüsant – der Talleyrands, in dem Pharaoh einen Mann anerkennt, "who was something by himself" (R 192), hat diese Liebenswürdigkeit nicht. Aber die Analogie bleibt bestehen und wird bis zum Schluß von "A Priest in Spite of Himself" immer wieder betont. Wenn Talleyrand Pharaoh Informationen über Washington mit List und Bestechung zu entlocken sucht und dieser sich ihm wortgewandt entzieht, so behandelt der Politiker den Picaro als einen Ebenbürtigen, dem er dann auch die Bestechungssumme überweist, ohne die erwünschte Auskunft bekommen zu haben (R 193ff). Pharaoh glaubt Talleyrand kein Wort, "except that you mean to be on the winning side" (R 195). Aber der kecke Ausspruch, der zum Teil dem historischen Talleyrand gerecht wird[50], sicher aber dem Kiplings, gilt in kaum gemilderter Form auch für Pharaoh, wenn er später von seinem Schmuggel-Geschäft meint: ".. a man must consider his own interests" (R 202). So wie er im Lauf der Zeit in Amerika im Tabakgeschäft reüssiert, steigt auch Talleyrand in Frankreich wieder nach oben: "Talleyrand he'd gone up in the world

---

[50] Immerhin leitet Duff Cooper sein Interesse an Talleyrand, das zu seiner Talleyrand-Monographie führte (1932), aus frühen Leseeindrücken der beiden Pharaoh-Geschichten ab (*Old Men Forget*, 1954, p. 168).

same as me" (R 199). Diese Parallelen steigern sich am Schluß. Pharaoh verschweigt seinen Schmuggelhandel nach Europa den arglosen Mährischen Brüdern, bei denen er in Philadelphia Aufnahme fand: "I didn't tell Toby or the Brethren. They don't understand the ins and outs of the tobacco trade." (R 200). Dies Heimlichtun spiegelt sich in der großen Politik im Verhalten Talleyrands und Napoleons. In Paris sieht Pharaoh beide vor salutierenden Soldaten und der jubelnden Menge vorbeifahren, macht sich Talleyrand bemerkbar und überrascht diesen und den ersten Konsul dann in einem hitzigen Streit über die politische Situation. Talleyrands Bemerkung, als Pharaoh plötzlich vor ihnen steht, trifft die Lage: "General", says Talleyrand to him "this gentleman has a habit of catching us canaille *en déshabillé*" (R 207). Napoleon will den ungebetenen Eindringling auf der Stelle erschießen, aber Talleyrand erlangt aus Kameraderie mit Pharaoh Bonapartes Unterschrift unter das Dokument, das jenem sein Schiff zurückgibt. Da eigentlich alle Konsuln unterzeichnen müssen, ist das ungesetzlich: "Boney smiles. 'It's a swindle', says he, but he signed." Schwindel ist Stichwort der Szene – auf der Ebene der Politik wie auf der niedrigeren Pharaohs, der ebenfalls schwindelt, wenn er den Wert der Ladung unverfroren heraufsetzt. Er hat damit Erfolg, und seine verschmitzte Darstellung bringt Dan und Una zum Lachen: "'It's comical enough now', said Pharaoh. 'But I didn't laugh then …'" (R 210). Hinter die Kulissen der Politik zu sehen, ist riskant; Napoleon und Talleyrand sind bei Kipling nicht *nur* komische Figuren. Komisch bleibt dennoch der Gegensatz zwischen der Größe, die das Volk bejubelt, und den krummen Wegen, die die Großen gehen. Die Zeit Napoleons hat seit Scotts großem *Life of Napoleon Bonaparte* (1827) die Viktorianer immer wieder fasziniert; Scott ebenso wie Carlyle in seiner Napoleon-Charakteristik in *On Heroes, Hero-Worship* etc. (1840) neigen bereits zur Anerkennung der weltgeschichtlichen Bedeutung Napoleons und stellen die moralische Kritik eher zurück[51]. Am Jahrhundertende vollends findet sich in Sir Arthur Conan Doyles *Uncle Bernac* (1896) eine positive Einstellung zu Napoleon, die sich aus dem wachsenden zeitlichen Abstand von Waterloo ergab. Das Charisma des Kaisers steht, nur selten kritisch eingeschränkt, im Vordergrund, und der moralische Aspekt wird als unwesentlich nur am Rande behandelt. Darum läßt der Erzähler, der unter Napoleon gedient hat, dies letztere Problem offen: "I only know that he was a very great one, and that the things in which he dealt were also so great that it is impossible to judge him by any ordinary standard"[52]. Talleyrand erscheint bei Doyle

---

[51] Vgl. Scott, *Life of Napoleon Bonaparte* (Edinburgh, 1878) mit der Darstellung der Jahre 1799–1800 in Chapt. XVIII, das auch eine ausgewogene Charakteristik Talleyrands enthält. – Carlyle erwähnt Talleyrand nicht, wirft Napoleon (in Gegensatz zu Cromwell) einen Mangel an Aufrichtigkeit vor, erkennt aber gleichzeitig seine "sincerity" in seinem "instinctive ineradicable feeling for reality" (*On Heroes* .., Lecture VI).

[52] Sir Arthur Conan Doyle, *The Napoleonic Stories* (London, 1956, p. 166). Vgl. dazu auch Avrom Fleishman, *The English Historical Novel* (1971), p. 178.

nur als etwas sinistre Hintergrundsfigur, wird aber nie humoristisch aufgefaßt. Die Verbindung von historisch-politischer Potenz und menschlicher Fragwürdigkeit als komisches Phänomen kommt nur bei Kipling vor, der sich auch hier der Tendenz zur Heroisierung oder moralischen Verurteilung zu entziehen sucht, die die historischen Erzählwerke des 19. Jahrhunderts so häufig kennzeichnet.

Gemildert läßt sich Ähnliches an dem unmittelbar folgenden "The Conversion of St. Wilfrid" ablesen, wenn Wilfrid, Erzbischof von York, den Kindern in der kleinen Kirche von Burwash von seiner Bekehrung der Südsachsen erzählt. Die Quelle von "The Conversion ..." läßt sich unschwer identifizieren; das ermöglicht einen Vergleich, der das hier Gemeinte deutlich heraustreten läßt. Primär handelt es sich um Bedas *Historia Ecclesiastica,* die im Folgenden nach der Kipling am ehesten zugänglichen Übertragung durch J.A.Giles (1903) zitiert wird[53]. John Richard Green geht in seiner *History of the English People* (1877–80) über den Bericht Bedas nicht hinaus, gibt jedoch die homiletischen Exkurse Bedas nicht wieder. Beda will schildern, aber auch erbauen, und hier setzt Kipling die Akzente neu. Sein Wilfrid hat die Glaubenskraft und kirchenfürstliche Würde wie der Bedas, aber die Glaubenskraft ist entdogmatisiert, so wie Wilfrid auch nicht als der streitbare Vertreter der Papstkirche auftritt. Vielmehr überwiegt das verbindlich Menschliche: Kiplings Wilfrid ist ein alter Mann, der auf sein Leben zurückblickt und an "Old Hobden" erinnert, wenn er wie dieser zum Teil im Dialekt spricht oder nachdenklich "looked at the Jhone Colin slap as old Hobden sometimes looks into the fire." (R 227)[54]. Er ist eine der wenigen Gestalten der Puck-Geschichten, die sich bewußt sind, alt geworden zu sein[55]; das ist wesentlich für ein Vergangenheitsbild, in dem es um Reifung und Einsicht geht. Schon der Titel weist ambivalent auf den Einwand Wilfrids gegen Pucks Bemerkung über seine Bekehrung der Sachsen hin: "Yes – yess; if the South Saxons did not convert me" (R 226). Seine eigene "Bekehrung", die natürlich bei Beda nicht vorkommt, ist Abkehr von missionarischer Einseitigkeit und eine Wendung zur Toleranz, die sich mit humoristischen Vorstellungen eng verbindet. Wilfrids besonderes Verhältnis zu Puck ist allmähliches Ergebnis dieser Wendung. Sein "I know

---

[53] Daß Kipling Beda benützt hat, weist A. M. Weygandt, a.a.O., p. 13 f., nach. Die Zitate der Giles'schen Übersetzung werden nach der Neuauflage in *Everyman's Library* (1970) gegeben.

[54] John Collin kommt bereits in "Hal o'the Draft" *(Puck)* vor; sein Grabstein findet sich in der Kirche von Burwash.

[55] Das geringe Verhältnis Kiplingscher Gestalten zum Ablauf der Zeit ermöglicht die Unbefangenheit, mit der historische Figuren in der edwardischen Gegenwart erscheinen können. Sir Richard, der in "Old Men in Pevensey" von sich als altem Mann erzählt *(Puck),* oder Parnesius, der am Wall früh gealtert ist, treten als jugendliche Männer auf. Das hier vorliegende Erzählproblem hat erst Philip Mason erkannt *(Kipling: The Glass, The Shadow and The Fire,* London, 1975, p. 172).

him (i.e. Puck) better than I used to ..." (R 223) bezeichnet knapp seine Entwicklung zur Duldsamkeit.

Verschiedene Bedeutungs-Schichten sind auch hier feststellbar. Drollig und kindlichem Verständnis zugänglich ist Wilfrids Bericht vom Schiffbruch an der Sussex-Küste und seiner ersten Landung, der ein fetter Seehund erstaunt und mißbilligend zusieht. An Kiplings Tiergeschichten, so an die *Jungle Books* (1894, 1895) mit dem "White Seal" (1894), erinnert auch noch Padda, der kluge Seehund des sächsischen Häuptlings Meon, der diesen, Wilfrid und seinen Kaplan Eddi in der zweiten Hälfte von "The Conversion ..." aus Seenot rettet. Tiefer reichen Wilfrids Bemerkungen, die der eigenen Entwicklung vom anfänglich sehr kämpferischen Glaubensboten ("... but I must ha' been a silly lad ...") zum duldsamen Gläubigen gelten, der seine eigenen Grenzen und die anderer kennt und von allzu spektakulären vermeintlichen Wundern wenig hält. Beda berichtet etwa von der Neigung der Sachsen zum Selbstmord; er bringt sie mit einer langen Hungerperiode in Zusammenhang; daß die Selbstmorde aufhören, erklärt Beda aus Wilfrids erfolgreicher seelsorgerischer Bemühung[56]. In Kiplings Geschichte deutet der Erzbischof den Drang zum Selbstmord nicht materiell, sondern – moraltheologisch durchaus überzeugend – aus einer weitverbreiteten Melancholie[57]. Diese führt er wieder darauf zurück, daß die zum Tod Entschlossenen nur im eigenen Ich leben, aber wie schiere Ich-Bezogenheit auch sonst in den Puck-Bänden oft als komisch erscheint, so dann auch hier. Inhaltlich wird das ebenso deutlich wie im kolloquialen Sprachduktus Wilfrids; "When they grew tired of life (as if *they* were the only people!) they would jump into the sea. (...) A man would tell you that he felt grey in the heart (...) and they would saunter away to the mud-flats and – that would be the end of them, poor souls, unless one headed them off! One had to run quick, but one can't allow people to lay hands on themselves because they happen to feel grey ..." (R 227). Anstelle von Bedas Predigt-Erwähnung ist eine physische, mit einem halb-komisch beschriebenen Wettlauf verbundene Hilfsaktion getreten; die Errettung vor der ewigen Verdammnis wird völlig ignoriert. Ähnlich weicht Kipling von Beda bei der Wiedergabe der Taufe des ganzen Volkes durch Wilfrid ab, anläßlich derer die *Historia Ecclesiastica* (IV. 13) von der Freude König Ethelwalhs und der Königin Ebba und dem sogleich folgenden Regenfall berichtet, der alle überzeugt habe, "that He who is the true God had (...) enriched them with wealth,

---

[56] "But Bishop Wilfrid, by preaching to them, not only delivered them from the misery of perpetual damnation, but also from an inexhaustible calamity of temporal death, for no rain had fallen in that province in three years. (...) In short, it is reported that very often, forty or fifty men, being spent with want, would go together so some precipice, or to the sea-shore, and there, hand in hand, perish by the fall .." (a. a. O., p. 184).

[57] Zu verwandten Wertungen der Melancholie im Mittelalter vgl. Walter Rehm, *Experimentum Medietatis* (1947), passim und besonders S. 187 ff.

37

both temporal and spiritual". Bei Kipling ist die Massentaufe nur bedingt frommer Erfolg der Wilfridschen Mission. Sie geschieht auf Befehl des Königs-paares, den Wilfrid kommentiert: "I fear I'm too old to believe that a whole nation can change its heart at the King's command, and I had a shrewd suspi-cion that their real motive was to get a good harvest. No rain had fallen for two or three years, but as soon as we had finished baptizing, it fell heavily, and they all said it was miracle" (R 230). Dans Frage: "And was it?", erhält eine Antwort, in der sich verschmitzte Skepsis gegenüber sensationellen "Wun-dern" mit der demütigen Gewißheit verbindet, daß "Everything in life is a miracle, but (…) I should be slow — very slow should I be to assume that a certain sort of miracle happens whenever lazy and improvident people say they are going to turn over a new leaf if they are paid for it" (ebd.)[58]. Hier und anderswo besitzt Wilfrid die Einsicht in die eigene Fehlbarkeit, wie er denn schon früh bemerkt: "On sea and land my life seems to have been one long shipwreck" (R 227). Von daher kommt die nachsichtig-humoristische Hal-tung, in der er denen begegnet, die ihre Grenzen nicht kennen. Der Schiffbruch-Metapher entspricht als Handlungs-, aber auch als Sinn-Höhepunkt schließlich jene Seenotszene, in der Wilfrid, Eddi und Meon von der Flut abgeschnitten in einer Felshöhle dem Tod entgegensehen, bis Padda ihnen Fische bringt und ein rettendes Boot zuführt. Wilfrids Duldsamkeit läßt ihn Meon von einer Not-taufe aus bloßer Todesangst selber abraten; Meon wird dann später freiwillig Christ. Die hier am stärksten hervortretende heitere Tönung der Erzählung aber bezieht sich auf die starre Einseitigkeit des Kaplans Eddi, der schon früher in kurzen Hinweisen erwähnt wurde, besonders mit seinem abergläubischen Abscheu vor Padda (R 229, 231). In Eddis Worten erscheint wieder das Super-bia-Thema: "My business is to save souls, not to enter into fellowships (…) with accursed beasts" (R 232). Wie Eddi diesen Stolz aufgibt, hat wieder den Aspekt komischer Unstimmigkeit: der Seelenretter ist am Verhungern, aber als Padda ihm einen Kabeljau apportiert, erkennt er unvermittelt in dem Seehund "the loveliest of His creatures in the water" (R 236–37). Von der eigenen Überheblichkeit absehen, bedeutet auch hier Selbsterkenntnis: "God sent him out of the storm to humble me, *a fool*" (R 237), freilich hier nur verbunden mit dem Übergang in ein neues Extrem. Als Wilfrid Meon tauft, bekreuzigt Eddi die nasse Schnauze Paddas verstohlen mit Weihwasser, eine Geste, die für Wilfrid nun tatsächlich ein heiteres Wunder ist (R 238–39). Bis zum Schluß behält Wilfrid diesen Sinn für die Komik der unstimmigen menschlichen Exi-stenz, so wenn Meons Leute bei der Taufe "shouted 'Hurrah', which meant 'Thor help us!'" (R 240).

---

[58] Ganz satirisch wird die christliche Mission dagegen noch in "The Judgement of Dungara" (1888) dargestellt; erst in der vorliegenden Erzählung findet sich, freilich auch nicht mehr vor einem indischen Hintergrund, eine gemäßigt positive Wertung.

Auch in "A Doctor of Medicine" hat der Arzt und Astrologe Nicholas Culpeper (1616–1654)[59] eine mehrschichtige Komik, die vom Skurrilen bis zum Paradoxen reicht, das schließlich wieder Ethos und Ernst nicht ausschließt. Er begegnet den Kindern im Heuschober neben dem alten, jetzt als Hühnertrog benutzten, "plague-stone"; seine Erzählung hat den Bürgerkrieg unter Cromwell und eine der Pestepedemien des 17. Jahrhunderts zum Hintergrund. Der Hauptakzent liegt zunächst auf der kauzigen Erscheinung des überzeugten Antiroyalisten und Cromwell-Anhängers im schwarzen Habit und hohen Hut und auf seiner verschnörkelten Redeweise, die den Kindern immer wieder erklärt werden muß. Sie ist – in einer in der Puck-Folge sonst kaum vorkommenden Art – dem Stil der Schriften Culpepers angeglichen, so seinem *The English Physitian* (1653); Kipling nähert sich dadurch stark dem Pastiche, das er oft noch parodistisch übersteigert[60]. Ein manierierter Kathederton ("rasping and hawking") trägt dazu bei, denn: "Good people (...), the vulgar crowd love not truth unadorned. Wherefore we philosophers must needs dress her to catch their eye or – ahem! their ear" (R 254). Vor allem übertreibt Kipling Culpepers astrologische Überzeugungen, die er sonst wesentlich positiver beurteilt[61]. Sie sind in "A Doctor..." schnurriger Irrglaube, den Puck seinerseits nochmals parodiert, wenn er z.B. die Fahrradlampe der, zu den neugeborenen Zwillingen des Wassermüllers fahrenden, Gemeindeschwester bezeichnet als "singular bright star in Virgo, declining towards the house of Aquarius the water-carrier, who hath lately been afflicted by Gemini." (R 255). Damit ist schon zu Beginn das Thema angedeutet, das die Erzählung in ernsterem Kontext dann trägt: die Diskrepanz zwischen einem alltäglichen Tatbestand und seiner Verfremdung durch die Astrologie. Denn der Arzt sieht überall die Macht der Gestirne, so beim Stampfen des Ponys, als ihm eine Ratte zwischen die Füße läuft:

> 'Divine Astrology tells us', said Mr. Culpeper. 'The horse,
> being a martial beast that beareth man to battle, belongs
> naturally to the red Planet Mars – the Lord of War. (...) Rats
> and mice, doing their businesses by night, come under the
> dominion of our Lady the Moon. Now between Mars and
> Luna, the one red, t'other white, the one hot, t'other cold and so

---

[59] A.M. Weygandt (a.a.O., p.43) verweist auf den historischen Culpeper, ohne die Umgestaltung der Figur durch Kipling zu erläutern.

[60] Kiplings Freude am Pastiche zeigt sich später am deutlichsten in der Fälschungs-Geschichte "Dayspring Mishandled" (1928).

[61] Auf Kiplings Tischrede "Healing by the Stars", die er vor der *Royal Society of Medicine* 1928 hielt, macht Dobrée (a.a.O., pp.25ff.) aufmerksam. Vgl. auch die Erwähnung von "Nicholas Culpepper, most confident of physicians" in der Erzählung "Wireless" (in: *Traffics and Discoveries*, 1902).

forth, stands, as I have told you, a natural antipathy, or as you
say, hatred. Which antipathy their creatures do inherit.
Whence, good people, you may both see and hear your cattle
stamp in their stalls for the self-same causes as decree the
passages of the stars across the unalterable face of Heaven!
Ahem!' (R 257)

Stilinterpretationen oder -vergleiche (Quellen, Zeitgenossen) fehlen in der bisherigen Kipling-Literatur fast ganz, so auch für Culpeper. Für den obenstehenden Textausschnitt war offenbar die Stelle über "Biting of Rats and Mice" in *The English Physitian* Vorbild, und ein Vergleich macht deutlich, daß Kipling dabei die an den Euphuismus erinnernde Rhetorik des Originals, besonders dessen antithetische Satzstruktur und ihre vielen Parallelismen, noch konsequenter durchführt[62]. Hier wie auch in anderen astrologischen Auslassungen in "A Doctor of Medicine" betont Kipling damit Culpepers argumentierendes und straff systematisierendes Denken. Nur der traditionelle astrologische Gegensatz zwischen Mars und Venus wird zur Feindschaft zwischen Mars und Luna, vermutlich, weil Kipling den Mond für die entscheidende Episode der Erzählung brauchte. In ihr rettet Culpeper das Pfarrdorf seines anglikanischen royalistischen Freundes Jack Margate (Burwash) durch nächtliche Beobachtungen und Einsichten vor der Pest, wenn er sich im Vertrauen auf die Sterne und zu rechter Stunde in ein verlassenes Pesthaus begibt, dort im Mondlicht sterbende Ratten beobachtet und tags die Dörfler überredet, alle Ratten als die Träger der Seuche zu vernichten. Im Werk Kiplings kommt auch sonst das Thema vom ersten Auftauchen neuzeitlicher medizinischer Erkenntnisse vor, am eindrucksvollsten wohl mit dem Mikroskop des Johann von Burgos in "The Eye of Allah"[63]. Das "Auge Allahs" wird in *Debits and Credits* (1926) allerdings vom Abt von St. Illod zerstört; die Erzählung ist die resignierte, melancholische Geschichte einer Erfindung, die für ihre Zeit zu früh kam. Culpepers Entdeckung kommt nicht zu früh, sie hat Erfolg, und was sie gegenüber dem nahezu tragischen "Eye of Allah" komisch erscheinen läßt, ist nur, daß der Arzt nicht wirklich begreift, was er entdeckt hat. Seine Erklärung erheitert die Kinder in der sentenziösen Wohlweisheit, mit der er den Tod der Ratten im Mondlicht deutet:

---

[62] ".. a Mouse is under the Dominion of the *Moon*, and that's the reason they feed in the night; the House of the *Moon* is *Cancer*; Mars receives his Fal in *Cancer*, *Ergo* Wormwood being an Herb of *Mars* is a present Remedy for the biting of Rats and Mice. (…) The greatest Antipathy between the Planets, is between *Mars* and *Venus*; one is hot, the other cold; one Diurnal, the other Nocturnal; one dry, the other moist; their Houses are opposite; one Masculine, the other Feminine; one publick, the other private; one is valiant, the other effeminate; one loves the light, the other hates it .." etc. (*The English Physitian*, Ausgabe von 1656, p. 376). Die Pest wird in *The English Physitian* in diesem Zusammenhang nicht erwähnt.

[63] Zu Kiplings medizinischen Interessen vgl. J. M. S. Tompkins, pp. 167 ff.

*'This threw me into an amaze, since, as we know, the
moonlight is favourable, not hurtful, to the creatures of the
Moon; and Saturn, being friends with her, as you would say,
was hourly strengthening her evil influence. (...) I leaned out
of the window to see which of Heaven's host might be on our
side, and there beheld I good trusty Mars, very red and heated,
bustling about his setting.' (R 265)*

So werden die Ratten vernichtet, weil sie Geschöpfe der Luna sind. Kipling
ist hier über die Thesen von *The English Physitian* in den ausführlichen Er-
läuterungen Culpepers zu Mars als Feind der Ratten weit hinausgegangen
und hat die Systematik des Originals parodistisch scharf überzogen, so wenn
die Dorfschmiede von der Pest verschont bleibt, denn Mars ist Patron der
Schmiede und Schwertfeger und die Kreaturen des Mondes scheuen seinen
Machtbereich: "For example – rats bite not iron" (R 270). Hier und anderswo
scheint Pucks einführendes Wort zu passen: "No fool like an old fool" (R 258),
weil eine solche astrologische Grundsätzlichkeit dem Selbstverständlichsten
ohne Not einen höheren Sinn beimißt. Wieder meldet sich die Inkongruenz
zwischen Illusion und Tatsächlichkeit, Scheinglaube und Wirklichkeit zu
Wort, die in voraufgegangenen Geschichten für die Theater-Elfen, Weland,
Fulke, Harry Dawe oder die Phantasmagorien des Knaben in "Cold Iron"
bezeichnend war.

Sie wird als komisch voll ausgewertet, bestimmt aber Kiplings Culpeper
nicht einseitig. Sein Bild ist zwar oft Karikatur und scheint streckenweise nur
noch als Dokument einer abgeschlossenen, vergangenen und durch neuere
Einsichten überholten Epoche begreifbar zu sein. Eine derartige Angleichung
an den viktorianischen Fortschritts- und Evolutionsgedanken ist jedoch nicht
nur Kiplings Werk im allgemeinen fremd, sondern umfaßt in "A Doctor ..."
auch nicht den ganzen Culpeper. In dem selbstgefällig dozierenden Arzt ver-
birgt sich ein Mensch, dessen häufig herablassende Anreden an seine Hörer
("good people ..") vorab professionelle Pose sind und dessen eigentliche
Haltung die des "devout seeker" (R 264) ist, der sich Gott unterordnet. Daher
stammt der Mut, mit dem er sich in das öde Pesthaus wagt, sein ärztliches –
nicht astrologisches – Ethos und seine Nächstenliebe. Einige eingehendere Stil-
untersuchung könnte das bestätigen: immer wenn Culpeper von den Zeit-
läuften, seinem Freund oder seinen Mitmenschen spricht, verändert sich sein
Redestil von der feierlichen, pompösen, systematisierenden und dogmatischen
Rhetorik hin zum spontanen, umgangssprachlichen und oft dialektal gefärbten
Gesprächston. Kipling macht so einen scharfen Unterschied zwischen dem
Culpeper, der in der astrologischen Theorie unbeugsam und kompromißlos ist,
und dem, der in der Praxis sich aufgeschlossen und versöhnlich verhält. Dazu
paßt es, daß er schließlich weinend mit den von der Pest Geretteten Gott in der

Kirche von Burwash Dank sagt, im "House of Rimmon", das er doch grundsätzlich bekämpft. Solche Inkonsequenz, die er verlegen entschuldigt ("In medicine this is called the Hysterical Passion", R 272), paßt zu der absurden Komik, die bereits während der ganzen Erzählung einem Menschen anhaftet, der von falschen Voraussetzungen aus doch richtig handelt.

Mit "The Tree of Justice", der letzten Erzählung in *Rewards*, hat Kipling schließlich das schwierigste Bild einer erdachten historischen Situation gegeben, das sich in den beiden Bänden findet. Das trifft schon auf die Handlung zu, die komplex und vieldeutig ist, und noch mehr auf die hier vorwaltende Komik. "The Tree of Justice" ist darin einzigartig, daß diese Komik nur von den Gestalten der Erzählung empfunden wird. Sie bleibt sozusagen "in der Geschichte", aber sie strahlt kaum auf den Leser oder die zuhörenden Kinder aus, denen der aus den sächsisch-normannischen Erzählungen in *Puck* bekannte Sir Richard Dalynridge noch einmal aus der Zeit Heinrichs I. berichtet. Gelächter und ein nun sehr tiefsinniger Humor haben ihre Funktion in "The Tree of Justice", aber die Geschichte als Ganzes ist nicht erheiternd; sie verdeutlicht die Komik des Inkongruenten in einem sehr ernsthaften Zusammenhang. Wenn sie fortschreitet, sagt Dan: "This tale is getting like the woods (...), darker and twistier every minute" (R 323). So zeigt sich hier am klarsten, daß Kipling nicht allein für Kinder schrieb (wie wenig sie zu Beginn des Jahrhunderts als Kind an "The Tree of Justice" Geschmack fand, bezeugt etwa auch J. M. S. Tompkins). Daß auch fortgeschrittene Leser sich nicht ohne weiteres in ihr zurechtfinden, beweist ihre knappe, häufig etwas verlegene und unentschiedene Behandlung in der Kipling-Literatur, die sie oft überhaupt übergeht[64].

Geschehen und Hauptfiguren sind, mit Ausnahme Heinrichs I., in allen wichtigen Zügen fiktiv. Doppelte Fiktion ist es, wenn Kipling nach einer großen Jagd Heinrichs den totgeglaubten Harold Godwinson dem König gegenüberstellt. Zwar erwähnen William von Malmesbury, Giraldus Cambrensis und andere, Harold habe die Schlacht von Hastings überlebt, aber Kiplings wichtigster Gewährsmann für den historischen Hintergrund seiner normannischen Geschichten, E. A. Freeman, lehnt solche Berichte als Legenden und "mere romance" ab, die allerdings den angeblich als Einsiedler in St. John's Church in Chester spät gestorbenen Harold dem heiligmäßigen Edward dem Bekenner positiv annähere[65]. Die Überlieferungen wissen im übrigen nichts

---

[64] Carrington (a. a. O., p. 443) spricht von "one of Rudyard's obscure psychological pieces"; J. M. S. Tompkins (a. a. O., p. 82 f.) gibt mehr Hinweise auf diese "hardest tale for children in either book", betont die im folgenden vorgetragenen Überlegungen jedoch nicht; B. Dobrée (a. a. O., pp. 43 und 67) liefert nur knappste Bemerkungen. Auch C. A. Bodelsen (a. a. O., p. 27) erwähnt die Bedeutung des Lachens nur kurz, während J. I. M. Stewart (*Eight Modern Writers*, 1963) und Philip Mason (*Kipling*, 1975) die Erzählung überhaupt nicht behandeln.

[65] Freeman, *History of the Norman Conquest* (III, 515–17 und 758–63) nennt die oben angeführten Autoren mit aller Zurückhaltung. In populären Geschichtswerken lebte die Legende je-

von dem bei Kipling geschilderten Lebenslauf Harolds; ebenso ist seine Begegnung mit dem normannischen König (nach der Zeitrechnung der Erzählung im Jahre 1100) Kiplings Einfall. Er erzielt eine wirkungsvolle Konfrontation zwischen dem einstigen und dem neuen Herrscher, aber noch wichtiger ist die Figur des Narren Rahere, der diese Konfrontation auflöst. Der historische Rahere und die ihn betreffenden Traditionen sind ein Problem für sich, das aber für die Interpretation von "The Tree of Justice" nicht ganz vernachlässigt werden darf; Kiplings Verwendung der Rahere-Überlieferung trägt zum Verständnis wesentlich bei. Es ist anzunehmen, daß er Raheres Grabmal in der berühmten ältesten Londoner Prioreikirche, *St. Bartholomew the Great* in Smithfield, kannte, das ihn als "Raherus Primus Canonicus et Primus Prior huius Ecclesiae" darstellt. Wahrscheinlich ist ebenso, daß ihm die, durch eine Charter Heinrichs I. beglaubigte und seit jeher in *St. Bartholomew* geläufige, Tatsache vertraut war, daß Rahere sowohl die Kirche wie das an sie angrenzende Hospital gründete[66]. Aber auch jene Überlieferungen müssen Kipling erreicht haben, nach denen Rahere Hofnarr Heinrichs I. gewesen sei, ehe er aus Reue über sein Weltleben in den Klerikerstand eintrat; ein erbaulicher Sinneswandel, der als heilspädagogisches Exemplum der homiletischen Tradition des Mittelalters entsprach, aber von Kirchenhistorikern des 19. Jahrhunderts ebenso als unverbürgt betrachtet wurde, wie von populären Autoren wie dem Kipling eng verbundenen Sir Walter Besant[67]. So unerheblich auch die Frage nach der Authenzitität der Hofnarren-Überlieferung an und für sich für "The Tree of Justice" ist, so wesentlich ist aber doch, daß Kipling sie aufgriff und einen Narren zur Mittelpunktsfigur der Erzählung machte, die auch die beiden Könige überragt. Was hier Narrentum – über Aussehen und Funktion des in Geschichte und Literatur bekannten Hofnarren hinaus – bedeutet, ist daher ebenso zu fragen, wie man nicht übersehen darf, daß Kiplings Rahere "schon" Züge des Klerikers aufweist, der er nach der Tradition "erst" noch werden sollte. Er trägt die ausgelassene Frechheit und

---

doch im 19. Jahrhundert weiter, so z. B. in J. G. Edgars *Danes, Saxons and Normans* (1863), und im historischen Roman wie in Parnell Greenes, in der Bulwer-Lytton-Tradition stehendem, *On the Banks of the Dee* (1886).

[66] Vgl. Sir William Dugdale, *Monasticon Anglicanum* (ed. by J. Caley, Sir H. Ellis etc, 1846), vol. VI, 291 und 296, das auch die Charter Heinrichs I. abdruckt. – Raheres 1405 datiertes, auch heute noch erhaltenes, Grabmal verweist auf *Jesaja* XXXV. 1 und LI. 3.

[67] Noch E. K. Chambers, *The Mediaeval Stage* (Oxford, 1903) I, 48–49, neigt der Ansicht zu, Raherus sei *mimus regis* (Heinrichs I.) gewesen und habe sich durch seine *suavitas iocularis* ausgezeichnet, mit der er viel Geld verdient habe. Mit ihm habe er *St. Bartholomew* gegründet und: "Laying aside his parti-coloured coat, he even became the first prior of the new community". Die gleiche Ansicht vertritt noch C. W. Scott-Giles im *Kipling-Journal* (June 1961, vgl. oben Anm. 44), ohne Belege beizubringen. – Weitaus vorsichtiger äußerte sich schon 1908 Sir Walter Besant in seinem großen Werk *The Survey of London* (vol. I.: *Early London*, 1908, p. 328) über "Rahere, variously stated to have been a jester, a minstrel, a man of mean extraction, and a man of knightly parentage ..." Kipling dürfte Besants *Survey* gekannt haben; er war von dem älteren Autor 1880 in das literarische London eingeführt worden.

die typischen Gebärden des Hofnarren zur Schau, aber manche meinen, er sei "more of a priest than a fool", Sir Richard erwähnt sein "sad priest's face", und Heinrich I. hält ihn für "a priest at heart" (R 319, 321, 325). Kipling hat mit ihm die wohl ungewöhnlichste Figur dieses Erzählungs-Zyklus geschaffen. Daß Rahere ihn auch später beschäftigte, zeigt unter anderem das Gedicht "Rahere" in *Debits and Credits* (1926).

Der "Tree of Justice" des Titels ist der Galgenbaum, an dem Heinrich I., noch vor Beginn des Geschehens, sechsundzwanzig Sachsen zur Sühne für die Ermordung eines kentischen Ritters hinrichten ließ, und der Galgen durchzieht als Leitbild, unabhängig von jener Hinrichtung, in verschiedenen Hinweisen auch die ganze Erzählung. Ihr Geschehen bringt hintergründig, gegen Ende immer deutlicher, eine Thematik mit sich, die mit der Handlung nicht völlig identisch ist, wohl aber sich in ihr spiegelt. In "The Tree of Justice" geht es um das Problem und die Zuständigkeit menschlicher Gerechtigkeit. Kipling hat betont, daß er Vieles in *Rewards and Fairies* "allegorisch" gemeint habe ("I loaded the book up with allegories ...") [68]; die letzte Erzählung des Bandes ist dafür das vorzüglichste Beispiel.

Harold taucht in ihr nach der Hofjagd zuerst als einer der sächsischen Treiber auf, der im Pilgerkleid seit Jahren ruhelos alle Heiligenschreine in England besucht hat, und den Rahere erstmals unter dem Galgen von Stamford Bridge traf, wie er den Aasvögeln erzählte, wer er einst war. Das wird erst gegen Ende berichtet (R 327) – zu Beginn kennt niemand, außer Rahere und nach ihm der Sachse Hugh, die Identität des alten Mannes, der vor den König gebracht wird, weil er während der Jagd die Spottrufe normannischer Ritter mit dem Schrei: "Ware Red William's arrow!", beantwortete, Anspielung auf die Ermordung Wilhelms II. Rufus', des Bruders Heinrichs I. Harold selbst, den ein Clerk als allgemein bekannten "witless man" bezeichnet, nimmt die eigene Identität nur für Augenblicke wahr. Im Ansatz knüpft Kipling damit an "The Man who Was" (*Life's Handicap*, 1890) mit dem Leutnant Limmason an, der nach dreißigjähriger russischer Gefangenschaft als Menschenwrack zu seinem Regiment in Indien zurückfindet. Harold ist ein "Gewesener" wie Limmason, und auch er stirbt am Schluß der Erzählung. Beide werden ebenso erst kurz vor ihrem Tode wiedererkannt und beide begreifen selber erst im Verlöschen, wer sie eigentlich waren. Die Unterschiede sind dennoch beträchtlich. "The Man who Was" ist der spannende, oft sensationelle und grauenhafte, häufig vom Pathos des Empire-Gedankens gefärbte Bericht einer einmaligen merkwürdigen Begebenheit und steht der Anekdote nahe. Die kaum längere Erzählung in *Rewards* umfaßt mehr: das psychologische Interesse weicht dem an Problemen der menschlichen Existenz überhaupt; diese beziehen sich nicht nur auf den "Gewesenen"; das Spannungsmoment spielt in

---

[68] *Something of Myself*, p. 190.

bezug auf Harold kaum eine Rolle, sondern verlagert sich allenfalls auf die Frage, wie Heinrich sich ihm gegenüber verhalten wird. Für all das ist kennzeichnend, daß Harold in vielem dem Lear Shakespeares ähnelt: auch ihn begleitet ein Narr; wie Lear schwankt er zwischen Irrsinn, Furcht und plötzlich aufbrechendem Stolz; mit Lear hat er auch das Gefühl von Schuld und Reue gemeinsam[69]. Sein Stolz bezieht sich dabei auf seinen Sieg über die Nordmänner bei Stamford Bridge, seine Schuldgefühle darauf, daß er sich von Wilhelm dem Eroberer erpressen ließ und ihm den Besitz Englands versprach (R 327f). Vor Heinrich soll er sich wegen seines Zwischenrufs verantworten, der den Frieden zwischen Sachsen und Normannen gefährdete, auf dessen Zerbrechlichkeit in "The Tree of Justice" viel mehr hingewiesen wird als in den normannischen Geschichten in *Puck*. Heinrich will den Unbekannten aburteilen, der sich kindisch-hilflos als "Rahere's man" auf diesen beruft, aber Rahere verhindert das Urteil.

Zwei Aussprüche Raheres lassen sich als Stichworte für das Verständnis des Ganzen auffassen. Als Hugh in Harold seinen einstigen König erkennt, sagt Rahere: "... each man must have his black hour or where would be the merit of laughing?" (R 323). Auf dem Höhepunkt der Gerichtsszene spricht er von "The King – his bishops – his knights – all the world's crazy chessboard ..." (R 334). Wie der erste Ausspruch das Lachen als Korrigens dunkler Lebensstunden kennzeichnet, so faßt der zweite die ganze Welt als sinnloses Spiel. Raheres Wirkung auf den Hof, Heinrich I. und seine "dread justice" entspricht dieser doppelten Optik, zu der gegen Schluß noch religiöse Gedanken hinzutreten. Die Beeinflussung der Großen und des Königs durch den Narren wächst stufenweise an. Auf Heinrichs erste erstaunte Frage wegen Harold als "Rahere's man", ob sein Narr denn selbst einen Narren habe, antwortet Rahere mit Narrengebärde und -keckheit. Sir Richard berichtet:

> 'I heard the bells jingle at the back of the stand, and a red leg waved over it; then a black one. So, very slowly, Rahere the King's Jester straddled the edge of the planks, and looked down on us, rubbing his chin. Loose-knit, with cropped hair, and a sad priest's face, under his cockscomb cap, that he could twist like a strip of wet leather. His eyes were hollow-set.
> '"Nay, nay, Brother," said he. "If I suffer you to keep your fool, you must e'en suffer me to keep mine."' (R 321)

Wie meist bei Kipling kommt dem optischen Eindruck Bedeutung zu: der die Situation entschärfenden Langsamkeit des Auftritts, dem Narrenkleid und

---

[69] Damit ist *King Lear* allerdings nur partiell gekennzeichnet, aber die Situations-Analogien zu Shakespeare in "The Tree .." sind unverkennbar. – A. M. Weygandt, a. a. O., p. 36–40, beschränkt sich darauf, direkte Zitate aus Shakespeare zu registrieren, fragt aber nicht nach deren Funktion.

der Narren-Grimasse, wobei der auf den Erzähler bereits komisch wirkende, stumme Auftritt dann durch das närrisch-vertrauliche Wort intensiviert wird, wie auch im weiteren Verlauf:

> '"Now we will judge the matter," said Rahere. "Let these two
> brave knights go hang my fool because he warned King Henry
> against running after Saxon deer through woods full of Saxons.
> 'Faith, Brother, if thy Brother, Red William (…), had been
> timely warned against a certain arrow in New Forest, one
> fool of us four would not be crowned fool of England this
> morning. Therefore, hang the fool's fool, knights!"' (ebda)

Mehr als sonst im Werk Kiplings hat hier ein Leitwort – "fool" – Bedeutung. Es dient der Verwirrung und der Aufhebung aller individuellen Unterschiede: die Bezeichnung Harolds, Heinrichs und Raheres stellt die drei einander gleich und läßt überdies offen, ob Rahere an Wahnsinn, bloße Torheit oder einen beide umfassenden Zustand denkt. Die Stelle erinnert an *King Lear* und an die vielfältige Bedeutung von "fool" bei Shakespeare; Rahere ist hier schon der "wise fool", und wenn er das traditionelle Narrenrecht auf eine *de facto* ihm nicht zukommende Autorität mit dem Befehl beansprucht, die Ritter sollten Harold hängen, so hat dies hier ausnahmsweise (und anders als Vergleichbares bei Shakespeare) reale Folgen, denn Heinrichs Entscheidungsfreiheit wird paralysiert. Nach einer Pause verblüfften Verstummens von Herrscher und Hof sieht der König vom Todesurteil ab, weil "No King dare confirm a fool's command to such a great baron as De Aquila" (der als Nebenfigur hier nochmals erscheint). Die durch die Verwirr-Reden und den provozierenden Befehl Raheres blockierte Situation löst sich erst im gemeinsamen Gelächter bei Raheres Abgang:

> '… young Fulke (…) laughed, and, boy-like, once begun,
> could not check himself. (…) "His legs! Oh, his long, waving
> red legs as he went backward!"
> 'Like a storm breaking, our grave King laughed – stamped and
> reeled with laughter till the stand shook. So, like a storm, this
> strange thing passed!' (R 322)

Dies Gelächter gleicht der Orgie des befreienden Lachens in "The Wrong Thing" *(Puck)* bis in einzelne Vokabeln hinein [70].

Die zweite, wiederum eine Entscheidung bringende, Szene läßt sich von Raheres Wort über "all the world's crazy chessboard" her begreifen. Heinrich begegnet dem unbekannten Zwischenrufer nochmals, als er mit seinen Adligen

---

[70] Vgl. aus "The Wrong Thing": "speechless with laughter..", "while ye *stamp* (…), we *reeled* back.." usw. (*Rewards* 76–77).

und Bischöfen bei Tische sitzt, und nun erst stellt Rahere ihn als den bisher totgeglaubten König vor. Die Schilderung ist stark dramatisiert und von Reden und Gegenreden der meisten Anwesenden beherrscht. In ihr stoßen aufeinander und kreuzen sich: Harolds irre Jammerreden; Heinrichs zunächst hervortretende Höflichkeit, mit der er dem "Gewesenen" einen Becher Wein anbietet; die Kommentare der zuerst ungläubigen, aber bald von Harolds Identität überzeugten Adligen; Raheres kurze Hinweise. Heinrichs Haltung verändert sich jedoch während dieser bewegten Szene. Schon vor Raheres und Harolds Auftreten läßt Kipling ihn nachdrücklich mit De Aquila darüber sprechen, daß das neue England Gesetze haben müsse, die unbeschadet des Todes eines Herrschers unter seinem Nachfolger in Kraft bleiben. Sein "We must have the Law" (R 326) bringt das Gerechtigkeits-Thema viel umfassender in den Erzählungs-Kontext als bei der ersten Begegnung mit Harold; es verbindet sich nun mit der politischen Notwendigkeit, sich Harolds zu entledigen, weil dieser eine potentielle Gefahr für den Thron bleibt. Daß er dennoch verschont wird, ergibt sich aus mehreren Motiven. Der Anklagepunkt, den Heinrich am verbissensten betont, ist Harolds Eidbruch gegenüber Wilhelm dem Eroberer. Daß jener Eid auf Erpressung beruht habe, macht De Aquila kurz geltend, der weiß, daß "one cannot build a house all of straight sticks" (R 330), aber weiter nicht in den Fall eingreift und Betrachter bleibt. Einzig Rahere argumentiert grundsätzlich gegen den König, als dieser jene Erpressung zu bagatellisieren sucht und hartnäckig auf seinem Vorwurf beharrt: "… he broke his oath and would have taken England by the strong hand" (ebda). Dem antwortet Raheres implizierter Verweis darauf, daß auch William Rufus und Heinrich das Land Robert von der Normandie mit Gewalt entrissen hätten: "'Oh! Là! Là!' Rahere rolled up his eyes like a girl. "That England should be taken by the strong hand!"' Geschichtliche Wirklichkeit und Macht werden so als schuldhaft ironisiert, ebenso wie Heinrich in dem stammelnden Irren, der den Tag von "Santlache" beinahe gewonnen hätte, die Gebrechlichkeit irdischer Größe zu erkennen scheint. Der letztere Gedanke, der allerdings nicht ausdrücklich formuliert wird, führt zu einer ersten Wendung:

> *"My faith" said Henry after a while. "I think even my Father the Great Duke would pity if he could see him!" (R 332)*

Raheres schnelle Erwiderung jedoch: "How if he *does* see", reicht provozierend bis zur jenseitigen Existenz Wilhelms I. und erschließt nochmals eine neue Dimension im erregten Gespräch. Nicht allein wird hier der "spätere" Geistliche Rahere sichtbar; der halb spielerisch vorgebrachte Jenseitsverweis ist der Beginn einer Reihe von raschen und suggestiven Reden, die auf das Mißverhältnis zwischen menschlicher Gerechtigkeit und Unzulänglichkeit anspielen.

Kiplings gesamtes Werk ist von biblischen Bildern, Reminiszenzen, Rhythmen und Zitaten durchsetzt, ein Umstand, der kaum erstaunen kann, aber noch nie gründlich belegt worden ist[71]. Kurz vor Harolds Tod bilden nun solche Anklänge in der Form indirekter, anspielender, also nicht lückenloser und wörtlicher, Zitate ein für die Umstimmung des Königs und seines Hofs maßgebendes thematisches Muster, das zu dem doppelten Wesen des Kiplingschen Rahere in sinnvoller Beziehung steht. Es läßt sich bereits an dem Nachdruck erkennen, mit dem während des ganzen Erzählverlaufs darauf hingewiesen wird, daß Harold für seine tatsächliche oder angebliche Schuld bereits reumütig gebüßt habe. Die wiederholte Erwähnung seiner Pilgerfahrten zu allen Heiligenschreinen Englands (R 318, 331, 332) gehört ebenso zu diesem Reuemotiv und seinen neutestamentlichen Entsprechungen, wie die Buße Harolds in Raheres Wort deutlich wird: "He hath been somewhat punished through, maybe, little fault of his own" (R 329). Diese Buße, die Kipling in die fiktive Geschichte des Greises Harold einführt, ist dessen Steinigung, ein ebensowenig bloß anekdotisches Motiv wie Harolds Pilgerreisen. Im Sinnzusammenhang der vorliegenden Situation, in der Harold gerichtet und bestraft werden soll, läßt das Steinigungsmotiv an *Johannes* VIII. 7 denken und an die Mahnung, nur der solle die Ehebrecherin strafen, der ohne Sünde sei[72]. Verwandte Gedanken kommen zum Ausdruck, wenn von Spott und Gerechtigkeit mehrfach die Rede ist. William of Exeter nennt Harolds Bloßstellung "A right mock and a just shame!", und in der erhellendsten Textstelle werden diese Worte nun mehrfach hin- und hergewendet:

> '"Not to me", said Nigel of Ely. "I see and I tremble, but I
> neither mock nor judge".
> '"Well spoken, Ely." Rahere falls into the pure fool again. "I'll
> pray for thee when I turn monk. Thou hast given thy blessing
> on a war between two most Christian brothers." (...) "I charge
> you, Brother," he says, wheeling on the King. "dost thou mock
> my fool?"
> 'The King shook his head, and so then did smooth William of
> Exeter.
> '"De Aquila, dost thou mock him?" Rahere jingled from one to
> another, and the old man smiled.
> '"By the Bones of the Saints, not I", said our Lord of Pevensey.
> "I know how dooms near he broke us at Santlache."

---

[71] A. M. Weygandt, a. a. O., Chapt. VI, nennt "one of the most striking features of Kipling's writing (...) his constant quotation from the Bible, allusion to its stories, and use of its language" (p. 159), betont, daß Kipling die Bibel offenbar nahezu auswendig kannte, und gibt eine große Auswahl von Belegstellen. Die indirekten Bibel-Zitate werden allerdings nicht berücksichtigt.

[72] "He that is without sin among you, let him first cast a stone on her .."

' "*Sir Hugh, you are excused the question. But you, valiant, loyal,*
honourable, and devout barons, Lords of Man's Justice in your
own bounds, do you mock my fool?"
'He shook his bauble in the very faces of those two barons
whose names I have forgotten. "Na – Na!" they said, and
waved him back foolishly enough ...' (R 333)

In der Kiplings Prosa eigenen Schlichtheit gibt Sir Richard doch einen viel-
fältigen geistigen Tatbestand wieder. Er enthält kein einziges direktes bibli-
sches Zitat, aber die Relation etwa zu der Verwerfung derer, die auf der Bank
der Spötter sitzen [73], liegt so nahe wie der Bezug auf das Gebot der Berg-
predigt, das menschliches und göttliches Gericht in warnende Beziehung zu-
einander setzt [74]. Wie dort erinnert Rahere an die moralische Schwäche der
Angesprochenen, deren Ehre und Frömmigkeit ("you ... honourable, and devout barons") ebenso in Frage gestellt wird, wie in dem närrisch-bissigen Kom-
pliment an Ely. Es geht um "Man's Justice", die Rahere in seinen kecken Fragen als Ungerechtigkeit ironisiert, bis hin zu dem Höhepunkt des Wortes an
Harold, niemand verspotte ihn, und der abschließenden Frage: "Who here
judges this man? Henry of England – Nigel – De Aquila! On your souls, swift
with the answer!" (R 334). Da keiner antwortet, faßt der Narr kurz vor Harolds Tod zusammen: "The King – his bishops – the knights – all the world's
crazy chessboard neither mock nor judge thee."

Barmherzigkeitsgebot und Warnung vor Überheblichkeit sind ernsthaft
genug, aber das Närrische fehlt nicht ganz. Es äußert sich wieder im Äußer-
lichen – dem Klingeln der Narrenglöckchen, dem vexierend geschwungenen
Narrenstab –, und noch mehr in der Bezeichnung geistlicher und weltlicher
Autorität als "crazy". Die Welt als verrückt, gebrochen und rissig darzustel-
len, bezeichnet hier einen Humor, der über die Durchleuchtung menschlichen
Stolzes in früheren Puck-Geschichten noch hinausreicht. Wieder findet man
darin auch indirekte Rückverweise auf *King Lear*. Wie Rahere von Heinrichs
"fooleries"(R 322) und vom "crazy chessboard" der Welt spricht, so sieht
Lears Narr die Absurdität seines Herrn und des Lebens und spricht Lear selbst
von "this great stage of fools" (IV. 6, 184). Selbst die Mahnung, den Neben-
menschen nicht zu verurteilen, findet sich in *King Lear* als ein Gedanke, der in
anderen Dramen Shakepeares häufig zum maßgebenden Thema einer Szene
oder des ganzen Stücks wird [75].

---

[73] *Psalter* I. 1, wo allerdings von den "scornful" die Rede ist. Vgl. aber die Parallelwendung
"they laughed them to scorn, and mocked them" (2. *Buch der Chronik* XXX. 10) und die zahlreichen neutestamentlichen Stellen über die Verspottung Christi (*Lukas* XXII. 63 usw.).

[74] *Matth.* VII, 1; ebenso *Lukas* VI. 37: "Judge not, and ye shall not be judged: and condemn
not, and ye shall not be condemned .."

[75] Zum Verzicht auf die Strafe vgl. *King Lear* IV, 6, 175 ff.: "Thou rascal beadle, hold thy
bloody hand .." usw. – Zu dem Motiv im Drama Shakespeares überhaupt vgl. Verf., *Vergebung
und Gnade bei Shakespeare* (1952) sowie R. G. Hunter, *Shakespeare and the Comedy of For-
giveness* (Columbia UP, 1965).

V.

"The Tree of Justice" zeigt, daß das Komische die Puck-Folgen nicht ausschließlich bestimmt; auch in einigen anderen Geschichten wird Vergangenes
nicht humoristisch betrachtet. Jedoch wirken die beiden Puck-Bände nicht nur
durch die jeweilige einzelne Erzählung, sondern auch als Ganzes, und von dem
Gesamteindruck, den der Leser empfängt, gehen dabei häufig Anstöße aus,
die den Ernst mancher Geschichten indirekt humoristisch dämpfen. Zwei Elemente spielen hierbei eine Rolle: Begleitfiguren, die nicht zur eigentlichen jeweiligen Erzählung gehören, und die Verse, die Kipling zwischen die einzelnen
Ezählung gestellt hat.

Puck als wichtigste der Begleitfiguren wirkt in verschiedener Weise heiter-
auflockernd, wobei nicht nur an seine schon erwähnten gelegentlichen Kommentare zu denken ist. Vor allem sorgt am Schluß fast jeder Geschichte seine
Art, das von den Kindern Gehörte wieder auszulöschen, dafür, daß vergangenes Pathos eingeschränkt wird. "Oak, Ash, and Thorn", bei denen Puck Dan
und Una bei ihrer ersten Begegnung seine Freundschaft beteuert, sind das magische Mittel, mit dem er beide jeweils am Erzählungs-Schluß in Berührung
bringt, und das sie alles vergessen läßt, was sie gesehen und erfahren haben
("... it would never have done if you had gone home and told, would it?" P
37). Von der zweiten Erzählung in *Puck* an vollzieht sich der Vergessens-
Zauber wider Willen der Kinder, die sich ihm zu entziehen suchen; da er aber
doch in immer neuer Abwandlung gelingt, wirkt er als amüsante magische
Neckerei. Daß sie auch einem ernsten Vergangenheitsbericht abrundend seine
letzte Eindringlichkeit nimmt, zeigen die Schlüsse etwa von "The Treasure and
the Law" *(Puck)* oder von "The Knife and the Naked Chalk" *(Rewards)*, den
Geschichten des von den Christen verfolgten, schließlich aber doch listig tri-
umphierenden, Juden Kadmiel, bzw. des "Flint Man", der den "Kindern der
Nacht" sein eigenes Auge als Preis für die Eisenwaffen gibt, die sein Volk vor
den Wölfen retten. Beide Male klingt der Bericht mit "Oak, Ash, and Thorn"
aus, die trotz allem wieder ihre Wirkung getan haben. Nur in wenigen Geschichten fehlt dieser direkte Bezug auf die wundertätigen Blätter und damit
die scherzhafte Schluß-Pointe, die Kipling offenbar – obwohl er sie dauernd
variiert – nicht allzu mechanisch anwenden wollte. Sie verbindet sich meist mit
Kiplings impressionistischer Landschaftsbeschreibung, in der auch die Natur
an Pucks Spaß teilzunehmen scheint: "... and the brook giggled as though it
had just seen some joke" (P 134). Neben dem Baum- und Blatt-Zauber Pucks,
der das Bewußtsein der Kinder verwandelt, geht eine indirekt auf die vorauf-
gegangene wie die folgende Erzählung ausstrahlende humorige Wirkung ge-

legentlich auch von seinen eigenen Verwandlungen aus, die Shakespeares Puck entsprechen. Er erscheint am Schluß von "The Winged Hats" unvermittelt als Fuchs (P 224), und "Dymchurch Flit" ist darum nicht nur elegisches Märchen vom notvollen Elfenauszug aus England, weil Puck dem Erzähler – "Old Hobden" – als vermeintlich alter Bekannter, Tom Shoesmith, mit dem Lied "Old Mother Laidinwool" entgegentritt und weder von ihm noch am Erzähllungsende von dem Dienstmädchen als Puck erkannt wird[76].

In solchen Kleinszenen erweist sich, wie geschickt Kipling mit den verschiedenen Wirklichkeits-Ebenen umgeht, die in den beiden Puck-Bänden durch die Zeitlosigkeit des Märchens, die Vergangenheitsgebundenheit der auftretenden historischen Berichterstatter und schließlich durch die Zugehörigkeit der Kinder, ihrer Eltern, Mr. Springetts und von "Old Hobden" zur edwardischen Gegenwart gegeben sind. Indem Vertreter verschiedener Zeit-Wirklichkeiten in derselben Geschichte auftreten, betont der Autor einmal das Prinzip der Dauer im Wandel der Epochen. Das äußert sich in der schon bemerkten Selbstverständlichkeit, mit der normannische Ritter, römischer Centurio oder puritanischer Astrolog in die Gegenwart der Kinder treten; dem Gedanken der Dauer dient auch des Parnesius Wort, daß "gute Familien" einander immer ähnlich seien (P 148), oder der Umstand, daß Mr. Springett als Handwerker die gleichen Erfahrungen gemacht hat wie Harry Dawe ("The Wrong Thing"). Gleichzeitig ergeben sich aus den verschiedenen Zeit-Wirklichkeiten aber auch komische Momente. Sir Richards Hengst trabt am Schluß von "Young Men at the Manor" in die Vergangenheit "zurück", wird aber von der Mutter der Kinder für den Gaul des Farmers Gleason gehalten (P 62). Wie sich an einer solchen Stelle zwei Zeitebenen für einen Augenblick belustigend durchkreuzen, so auch in manchen Mißverständnissen, die sich aus dem unterschiedlichen Wissen von Vergangenheits-Figuren und Zuhörern ergeben, wenn solche Unterschiede auch nur beiläufig beachtet werden. Sir Richard bestaunt Dans Kompaß und seine zoologischen Kenntnisse (P 79 f, 99). Parnesius, an Katapulte gewöhnt, kennt sich mit dem Gummizug von Dans Schleuder nicht aus (P 144), oder Hal und Mr. Springett reden aneinander vorbei, wenn von "guilds" und "unions", von König und "chapel" gesprochen wird (R 59, 65). Der geringere Informationsstand einer historischen Gestalt wird jedoch nie als überholt und rückständig glossiert; der Fortschritts-Stolz des 19. Jahrhunderts ist Kipling fremd, auch in bezug auf etwa Culpeper oder den Juden Kadmiel, der an die Gleichberechtigung edwardischer Juden nicht glauben will (R 285). Immer handelt es sich bei den hier skizzierten Mißverständnissen nur um punktuelle

---

[76] Die Elfenflucht bezieht sich direkt auf den Bandtitel von *Rewards and Fairies*, der wiederum Bischof Richard Corbets "Proper New Ballad, intituled The Fairies Farewell" (1647) entlehnt ist. – Das kentische Lied "Old Mother Laidinwool" (vgl. A. M. Weygandt, a. a. O., p. 168 f.) läßt die Titelfigur sich zur Zeit der Hopfenernte aus ihrem Grab erheben: "She heard the hops were doin' well, and then popped up her head" etc.

Unstimmigkeiten: sie sind nicht blamabel für die Figuren des Einst, sondern nur kurzfristig amüsant.

Den Ernst vieler Erzählungen einschränkende Signale gehen nicht zuletzt von "Old Hobden the Hedger" aus, dem man oft eine Bedeutung zuerkannt hat, die auf den ersten Blick dieser Nebenfigur nicht zuzukommen scheint. Kipling hat ihn nach dem Vorbild eines Bewohners von Burwash gestaltet: ".. a poacher by heredity and instinct, a gentleman who, when his need to drink was on him, (...) absented himself and had it out alone .." *(Something of Myself*, p. 182). In dem 1917 erschienenen Gedicht "The Land" *(A Diversity of Creatures*, pp. 63–68) nennt er Hobden den eigentlichen Besitzer des Landes um Burwash, weil er ihm seit Vorväterzeiten verbunden ist:

His dead are in the churchyard – thirty generations laid.
Their names went down in Domesday Book when Domesday Book was made.
And the passion and the piety and prowess of his line
Have seeded, rooted, fruited in some land the Law calls mine. (ll. 57–60)

Das Gedicht wie die Erinnerungen Kiplings in *Something..* dürften dazu beigetragen haben, daß manche Betrachter in Hobden geradezu den "hero" von *Puck* und *Rewards* zu erkennen meinen. Der ist er freilich nicht als Handlungsfigur, sondern nur, wenn man ihn als zeitlosen Vertreter von Sussex und "Old England" versteht [77]. Bereits in "Weland's Sword" kennzeichnet Puck ihn in diesem Sinne: der den Kindern bekannte Hobden ist Erbe einer langen Generationenreihe und gleicht allen früheren Hobdens, von denen "old Hobden's ninth great-grandfather (...) Hob of the Dene" Puck einst von Weland berichtete (P 19). Ähnlich erscheint Hobden in den weiteren Erzählungen, in denen die historischen Figuren ihn "wiedererkennen", wie denn Harry Dawe ihn schon identifiziert, als er nur seine Stimme hört (P 250). Dieser Hobden, der als gutmütiger, verschmitzter Freund und Berater der Kinder auftritt, steht selten in direkter Beziehung zu dem, was Gestalten der Vergangenheit Dan und Una mitteilen – am ehesten noch am Schluß von "The Tree of Justice", wenn er den Kindern einen Siebenschläfer in seinem Nest zeigt: ".. Dat's a heap better by my reckoning than wakin' up and findin' himself in a cage for life" (R 336). Selbst ein so indirekter Kommentar (zum Schicksal Harolds, den ein rascher Tod vor lebenslanger Haft bewahrt) ist in *Puck* und *Rewards* jedoch einmalig, und nur in einer Geschichte spielt Hobden eine größere Rolle, wenn er in "Dymchurch Flit" *(Puck)* selbst als Erzähler auftritt und von Ein-

---

[77] "The Land and the People, persisting through time and all its revolutions, are the theme of the two 'Puck' books. (...) So, the hero of the two books is not Puck, not Dan or Una, not Parnesius or Sir Dalyngridge; the hero is old Hobden, the yeoman who understands the whole story of the valley and the brook, by instinct and tradition". (Carrington, a.a.O., p.444). Ähnlich formuliert die, übrigens von Kipling wesentlich beeinflußte, Verfasserin historischer Jugenderzählungen Rosemary Sutcliff: "the true hero is old Hobden" *(Rudyard Kipling*, London, 1968, p. 100). Vgl. auch Lèaud, a.a.O. passim.

zelheiten der Elfenflucht aus England berichtet (die er indessen auch nur aus dem Mund seiner verstorbenen Frau kennt).

Gerade weil Hobden Symbolgestalt für ein sich gleichbleibendes Sussex und England ist, sollte man ihn statt als Helden eher als Anti-Helden Kiplings bezeichnen. Seine stetige und unaufdringliche Gegenwart in den Puck-Bänden steht im Gegensatz zu der Existenz Sir Richards, des Parnesius, der englischen Herrscher. Jene erfüllen alle eine Pflicht, meist gegenüber der Allgemeinheit, und ihr Ethos verleiht ihnen selbst dann Würde, wenn die Optik Kiplings sie komisch relativiert. Hobden kennt nur kleinste, alltägliche Aufgaben und vertritt eine pragmatische Haltung, mit der er Pflichten möglichst schlau umgeht. Nicht zufällig wird er den Schmugglern von Burwash (P 250) oder den diebischen Zigeunern zur Seite gestellt (R 212). Die führenden Gestalten der einzelnen Geschichtsbilder sind individualisiert und sprechen ein ihrer jeweiligen historischen Situation angenähertes Englisch – Hobden ist seinen Vorfahren zum Verwechseln gleich, und sein Sussex-Dialekt ist überindividuelle Redeweise einer dörflichen Gemeinschaft. (Nur wenn eine historische Gestalt die Fraglichkeit ihrer einstigen Haltung selbst erkannt hat, nähert sich ihr Redestil dem Hobdens). In "The Land" hat Kipling die überhistorische Bedeutung Hobdens ausdrücklich formuliert: die *de jure*-Besitzer des Landes kommen und gehen, aber die Hobdens bleiben:

> 'Hob, *what about that River-bit?' I turn to him again*
> *With Fabricius and Ogier and William of Warenne.*
> '*Hev it jest as you've a mind to, but'* – *and so he takes command.*
> *For whoever pays the taxes old Mus' Hobden owns the land.*
>
> *(ll. 65–68)*

Die Formel "Hev it jest .." taucht schon in dem elf Jahre vor "The Land" erschienen *Puck* auf [78a], und schon dort bezeichnet sie eine komische Diskrepanz. Die Autorität Hobdens (und zugleich die seiner Vorfahren) leitet sich davon her, daß die Hobdens die einzige unbezweifelbare Konstante im Laufe der Jahrhunderte sind, aber diese Bedeutung beruht nicht auf Ethos, Leistung oder herausragender Individualität, sondern allenfalls auf gewitzter, sich jedoch gleichbleibender, praktischer Erfahrung. Die Hauptfiguren der beiden Bände haben trotz der "contemporaneity of the past" ihre Zeit gehabt – nur die Hobdens überdauern allen historischen Wandel. Mit dem "Hedger" unterstreicht Kipling so zusätzlich die in den Puck-Geschichten so oft betonte Bedingtheit tatsächlicher oder eingebildeter geschichtlicher Größe, und die komische Wir-

---

[78a] In "Hal o' the Draft" will der Vater Dans und Unas einen über den Bach gefallenen Eichenstamm entfernen lassen, und Hobden rät ihm ab, weil "If you grub her out, the bank she'll all come tearin' down, an' next floods the brook'll swarve up. But have it *as* you've a mind .." Tatsächlich will Hobden den Stamm erhalten, weil er "the regular bridge for all the rabbits (...) The best place for wires on the farm .." ist (P 250).

kung beruht dabei darauf, daß der freundliche Durchschnitt den Ruhm derer überlebt, die eigentlich Ruhm verdient hätten. Zwar ähnelt Hobden in manchen Zügen den volkstümlichen Randfiguren Scottscher Romane, mit denen er auch die Dialekt-Rede gemeinsam hat. Aber weil jene nur im historischen Zusammenhang des jeweiligen Romangeschehens erscheinen, Hobden aber in *allen* Vergangenheitsbildern als Rahmenfigur auftritt, hebt er sich von Scotts Vertretern des "humble life" doch spürbar ab[78b].

[78b] Vgl. zu ihnen E. A. Baker, *The History of the English Novel,* vol. VI, Chapt. vi, passim (London, 1929) und David Daiches' "Scott's achievement as a Novelist" (in: *Literary Essays,* Edinburgh/London, 1956).

VI.

Humoristische Merkzeichen geben weiter eine Reihe der Gedichte, die Kipling zwischen die einzelnen Erzählungen setzt, ohne daß sie immer einen festen inhaltlichen Bezug zu diesen haben. T. S. Eliot hat Kipling wegen dieses regelmäßigen Wechsels zwischen Prosabericht und Versen "the inventor of a mixed form" genannt; tatsächlich liegt hier eine Verbindung von Kunstmitteln vor, welche die schon im 19. Jahrhundert üblichen Motti zu Romankapiteln oder Erzählungen weit übertrifft. Die humoristischen Verse – meist *Songs* – überwiegen allerdings nicht; in *Puck* sind die heiteren Lieder noch selten, und erst in *Rewards* nimmt ihre Zahl zu. Das Verhältnis zwischen den Erzählungen und den Liedern kann darum nicht insgesamt betrachtet werden, und dies um so weniger, als die Kipling-Literatur sich gerade um die Verskunst Kiplings fast gar nicht gekümmert und keine gründlichen Interpretationen in dieser Hinsicht vorgelegt hat[79].

Beispiel für die Entromantisierung eines Themas ist etwa das einleitende Gedicht zu "Hal o' the Draft" *(Puck)*, das – in nur ganz lockerer Verbindung mit der folgenden Erzählung – vom falschen Stolz von "Propheten" handelt, also der Illusion, die grundsätzlich immer wieder in den Puck-Bänden bloßgestellt und entlarvt wird. Die metrische und sprachliche Form des Gedichts hat daran einen beträchtlichen Anteil:

> *Prophets have honour all over the Earth,*
>   *Except in the village where they were born,*
> *Where such as knew them boys from birth*
>   *Nature-ally hold 'em in scorn.*
>
> *When Prophets are naughty and young and vain,*   5
>   *They make a won'erful grievance of it;*
> *(You can see by their writings how they complain),*
>   *But Oh, 'tis won'erful good for the Prophet!*
>
> *There's nothing Nineveh Town can give*
>   *(Nor being swallowed by whales between),*   10
> *Makes up for the place where a man's folk live,*
>   *That don't care nothing what he has been.*
> *He might ha' been that, or he might ha' been this,*
>   *But they love and they hate him for what he is.*

---

[79] Vgl. T. S. Eliot, "Rudyard Kipling" (in: *A Choice of Kipling's Verse*, 1941, p.5) zu dem obigen Kurzzitat. T.S. Eliot betont in bezug auf die Interpretationsmöglichkeiten Kiplingscher

Die hier vorgetragene Einschränkung der "Ehre" vollzieht sich der Ge
dichtform nach als literarische Parodie, denn "Prophets have honour .." weist
in Verszahl, Reimschema, ja sogar der syntaktischen Trennung von drei Quar-
tetten und einem abschließenden Couplet beinahe sämtliche Eigenarten des
Shakespeare-Sonetts auf. Nur der pentametrische Charakter der Einzelzeilen
ist nicht gewahrt; sie haben zwar zehn Silben, tragen aber nur vier Akzente.
Das haben die Verse mit der Volksballade gemeinsam, der Kipling ja von seinen Anfängen an verpflichtet war; aus dieser Vorliebe für eine populäre Lied-
form hat er im allgemeinen auch nur ein schwaches Verhältnis zum Sonett,
und das ganz frühe "Sonnet ('On Being Rejected of One's Horse')" ist bezeich-
nenderweise eine Sonett-Parodie[80]. In "Prophets have honour .." scheint der
Autor die strenge Sonettform gleichfalls nur gewählt zu haben, um ihr dann
formal und inhaltlich entgegenzuwirken, wobei die Überlagerung der Sonett-
Zeile durch den Balladen-Rhythmus bereits die hier vorherrschende Tendenz
der Persiflage erkennen läßt. Die exklusive und oft individualistische Sonett-
Konvention wird volkstümlich umgewandelt. So sehr das Gedicht die her-
kömmliche Struktur des Sonetts nachahmt, so wenig kennt es dessen diszi-
plinierte Gedanken- und Sprachführung und ebensowenig seine Intellektu-
alität und Leidenschaft. Denken und Sprechen lassen sich hier Zeit (auch in
den parenthetischen Abschweifungen), sind diskursiv-plaudernd und erinnern
besonders durch ihre starken Anklänge an die Mundart von Sussex an die
Redeweise von "Old Hobden". Wie Kipling in den berühmten *Barrack-Room
Ballads* (1892) Scheingröße und die übermäßige Idealisierung soldatischen
Heldentums in saloppem Cockney bagatellisiert, so wird der eingebildete Pro-
phet hier durch eine unpathetische Redeweise abgewertet, die an einen oder
mehrere Sprecher aus der bäuerlichen Sphäre denken läßt. Was C. S. Lewis
über Kiplings Neigung zu "the commonest collective emotions" sagt[81], trifft
auch hier zu, und wenn so bereits die Diskrepanz zwischen einer an und für
sich anspruchsvollen Form und ihrer trivialisierenden Umprägung komisch

---

Gedichte," .. that the critical tools which we are accustomed to use in analysing and criticising
poetry do not seem to work" (ebda, p. 17). Dies und die häufige Infragestellung von Kiplings
Bedeutung als Dichter dürfte den Mangel an eingehenden Einzelinterpretationen erklären. All-
gemein haben sich zu den Gedichten knapp geäußert und jeweils das gesamte Corpus von Kiplings
Versen herangezogen: J. I. M. Stewart, *Eight Modern English Writers,* (1963, pp. 283–293);
Andrew Rutherford, "Some Aspects of Kipling's Verse" (in: *Proceedings of the British Academy*
51 (1965) pp. 375–402); Bonamy Dobrée, a. a. O., pp. 171–215; T. R. Henn, *Kipling,* Edinburgh/
London, 1967, pp. 63–73. – Das frühe Bändchen von Richard le Galienne, *Rudyard Kipling*
(London, 1900) enthält einige ausgezeichnete Beobachtungen (Chapt. I: "The Poetry"), beson-
ders zu Kiplings Slang- und Dialektdichtung sowie zu frühen Parodien. – Die in vorliegender
Studie gegebenen Interpretationen wollen nicht mehr als Hinweise geben.
   [80] In *Echoes. By Two Writers* (Lahore, 1884) als Parodie auf Wilfrid Scawen Blunts *Sonnets
and Songs of Proteus* (1875). – Die seltenen späteren Sonette Kiplings sind relativ blaß (so "Two
Months" in *Departmental Ditties,* 1886) oder sehr frei und eigenwillig, besonders im Reimschema (so "The Hour of the Angel" in *Land and Sea Tales,* 1923).
   [81] C. S. Lewis, *They Asked for a Paper* (London, 1962, pp. 90 f.).

wirkt, so entspricht dem freundliche Respektlosigkeit im Inhaltlichen. Ein Bibelwort (*Matth.* XIII. 57) wird im ersten Quartett frei zitiert, aber in seinem Sinn umgekehrt: nicht die Propheten haben recht, sondern "such as knew them boys from birth" [82]. Mit gemütlicher Beiläufigkeit wird auch behandelt, was des Jona Geschichte ausmacht, die "große Stadt Ninive" und der Walfisch, dem seine Einmaligkeit schon durch den Plural "whales" genommen wird (wobei diese Walfische wiederum nur in Parenthese erwähnt werden). Und die Pointe im epigrammatisch zugespitzten Couplet ist, daß nicht die große Welt und der große Ruhm, sondern nur der persönliche Wert eines Menschen entscheidet, den seine Heimat am besten beurteilen kann.

Auch in "A Smugglers' Song" (nach "Hal o' the Draft") lassen sich parodistische Elemente erkennen:

> If you wake at midnight, and hear a horse's feet,
> Don't go drawing back the blind, or looking in the street,
> Them that asks no questions isn't told a lie.
> Watch the wall, my darling, while the Gentlemen go by!
>   Five-and-twenty ponies,   5
>   Trotting through the dark –
>   Brandy for the Parson,
>   'Baccy for the Clerk;
>   Laces for a lady; letters for a spy,
> And watch the wall, my darling, while the Gentlemen go by!   10

Das angesprochene kleine Mädchen erhält noch weitere Ermahnungen: Diskretion wird ihm für den nächsten Tag empfohlen, falls es "little barrels (…), all full of brandy-wine" (12) in ihrem Versteck finden oder sehen sollte, wie seine Mutter zerrissene und blutbefleckte Mäntel flickt, oder falls "King George's men, dressed in blue and red" (19) es zum Ausplaudern bringen wollen. Das Lied endet:

> If you do as you've been told, likely there's a chance   27
> You'll be give a dainty doll, all the way from France,
> With a cap of Valenciennes, and a velvet hood –
> A present from the Gentlemen, along o' being good!   30
>
>   Five-and-twenty ponies,
>   Trotting through the dark –
>   Brandy for the Parson,
>   'Baccy for the Clerk.
>
> Them that asks no question isn't told a lie –   35
> Watch the wall, my darling, while the Gentlemen go by!

---

[82] Vgl. auch *Mark.* VI.4; *Luk.* IV.24; *Joh.* IV.44. Das Wort Jesu bezieht sich auf ihn selbst und den Unglauben seiner Vaterstadt. Sprichwörtlich und ohne religiösen Bezug kommt das Wort in der Literatur häufig vor, aber m.W. nie in einem für den "Propheten" abschätzigen Sinn (vgl. *The Oxford Dictionary of English Proverbs*, rev. by F.P. Wilson, ³1970, p. 650).

Mit der voraufgegangenen Erzählung hat das Lied nur das Thema "Schmuggel" gemeinsam; im übrigen geht es in "Hal o' the Draft" ja um den illegalen Kanonen-Verkauf an Andrew Barton, hier aber um Warenschmuggel im 18. Jahrhundert, so daß das Lied eigentlich besser zu den Pharaoh-Geschichten in *Rewards* passen würde. Die Verteilung der Gedichte auf die zwei Bände folgt jedoch, wie erwähnt, keinem starren Schema, und hier bewirkt "A Smugglers' Song" einfach eine zusätzliche humoristische Aufhellung. Sie richtet sich indirekt gegen eine allzu streng moralische Auffassung des Schmuggels (und damit wieder, wie so oft bei Kipling, gegen ein Extrem).[83] Wie das geschieht, zeigt ein Blick auf formale Eigentümlichkeiten des Liedes, und ebenso ein Vergleich mit Kinderliedern vor Kipling.

Vor allem fällt an "A Smugglers' Song" das rapide Tempo der fast atemlosen Aussage auf, am spürbarsten in den Refrain-Versen "Five-and-twenty ponies ..", in denen das Vorbild der Volksballade ohne weiteres erkennbar ist (in den langzeiligen Versen täuscht nur das Druckbild darüber, daß auch hier das Schema der Ballade den Aufbau bestimmt)[84]. Freilich fehlt das epische Element der Ballade; statt einer, wie immer gestalteten, Erzählung, gibt das Lied eine schnelle Serie von Imperativen und vor allem von sinnstarken Moment-Eindrücken. Vollends in den Refrain-Versen machen sich diese Moment-Eindrücke von jedem syntaktischen Zusammenhang frei und sind bildhafte Stichworte. Tempo, Bildhaftigkeit und imperativische Kürze wirken dabei für sich; das Lied hat diese prägnante, akustische wie optische Eindrücke betonende, Dinglichkeit mit vielen der besten Verse Kiplings gemeinsam. Mit ihr aber hängt es zusammen, daß hier alle Gedanklichkeit fast ganz fortfällt, und mit ihr auch die moralische Reflexion. So bleibt als einzige Erkenntnis der – nicht weiter begründete – Leitsatz: "Them that asks no questions isn't told a lie .." [85].

Wie wenig selbstverständlich das aber für ein Lied ist, das sich als Einschlaflied für ein Kind darstellt, ergibt sich aus einem Vergleich. Die in der Viktoriazeit häufigen Einschlafliedchen haben durchweg eine moralisch-positive und erbauliche Tendenz. Schon der Umstand, daß Kipling für die Refrain-Verse "Five-and-twenty ponies .." auf die Nonsense-Dichtung zurückgriff, zeigt seine Neigung zur Verdrehung dieser viktorianischen Tradition[86]. Vollends wird diese Neigung deutlich, wenn man "A Smugglers'

---

[83] Kipling entspricht hier, wie auch sonst oft, volkstümlichen Meinungen, wie sie für das 18. Jahrhundert G. M. Trevelyan, *English Social History* (London, 1947, p. 387) nachweist.

[84] Gemeint ist die Balladenstrophe mit dem Reimschema abcb und dem Betonungsschema 4343. Teilt man die Septenare von "A Smugglers' Song" jeweils nach der Zäsur, so ergibt sich aus 2 geteilten Septenaren eine 4zeilige Strophe nach dem angegebenen Schema.

[85] Auch sprichwörtlich bei Goldsmith, Scott, Dickens u. a. m. (vgl. *The Oxford Dictionary of English Proverbs,* p. 20).

[86] Beatrix Potters *The Tailor of Gloucester* erschien 1903: "Five and twenty tailors, / Riding on a snail .." (vgl. *The Oxford Dictionary of Nursery Rhymes* ed. by Iona and Peter Opie, Oxford, 1952, p. 401 f.).

Song" etwa neben Isaac Watts' "Cradle Hymn" (1715) stellt, die sich in zahlreichen Sammlungen des 19. Jahrhunderts wiederabgedruckt findet, und die noch Arthur Quiller-Couch in *The Oxford Book of English Verse* (1900) aufnahm (in dem auch Kipling vertreten war). Für Watts wesentlich sind die christlich-moralischen Wünsche der Mutter für das Kind:

> *Hush! my dear, lie still and slumber,*
> *Holy angels guard thy bed!*
> *Heavenly blessings without number*
> *Gently falling on thy head..*

Das 13 Strophen umfassende Lied fährt fort mit der Ermahnung, es dem göttlichen Kinde gleichzutun. Watts war Vorbild für zahlreiche viktorianische Lieder ähnlicher Art, so für Christina Rosettis "Holy Innocents" (1853), das hier herangezogen wird, weil es – kurz vor *Puck* – 1904 in der von William Michael Rossetti, dem Bruder der Dichterin, veranstalteten Gesamtausgabe ihrer Dichtungen wieder erschien:

> *Sleep, little Baby, sleep;*
> *The holy Angels love thee,*
> *And guard thy bed, and keep*
> *A blessed watch above thee.*

Und das Lied endet:

> *Sleep through the holy night,*
> *Christ-kept from snare and sorrow,*
> *Until thou wake to light*
> *And love and warmth to-morrow*[87].

Kipling hat durch seinen Aufenthalt im evangelikalen Haushalt der Familie Holloway sicher das Lied von Watts gekannt, wahrscheinlich auch die "Holy Innocents", möglicherweise auch das berühmte "Now the Day is Over" von Sabine Baring Gould[88]. Ob bewußt oder nicht, ist "A Smugglers' Song"

---

[87] Zu Watts' Popularität im 19. Jahrhundert vgl. Gillian Avery, *Childhood's Pattern: A Study of the Heroes and Heroines of Children's Fiction 1770–1950*, Chapt. 5: "The evangelical Child" (London, 1975). – Über Kiplings geringe Wertschätzung Christina Rosettis vgl. A. M. Weygandt, a. a. O., p. 122 f. – Die sentimental-moralische Tendenz in der Kinderdichtung der Viktoriazeit erörtert Barbara Garlitz, "Christina Rossetti's *Sing-Song* and Nineteenth Century Children's Poetry" (*PMLA* 70 (1955) 539–543).

[88] Kipling verbrachte die Jahre 1871–77 (wie viele Kinder anglo-indischer Familien) in England. Den Haushalt der Holloways in Southsea nennt er ".. an establishment run with the full vigour of the Evangelical .." (*Something of Myself*, p. 6). Näheres dazu bei Carrington, Chapt. 2: "Childhood". – Baring-Goulds Gedicht erschien auch in den bekannten *Hymns Ancient and Modern* (1868) (Vgl. *The Oxford Book of Children's Verse*, ed. by Iona and Peter Opie, Oxford, 1973, pp. 238–39 und 355). "Now the Day .." geht nicht von der Mutter-Kind-Situation aus, nimmt aber auf die "little children" Bezug.

jedenfalls Antithese zu dieser Liedtradition. Anstelle ihrer ruhigen Rhythmen tritt eine stakkatoartige Bewegtheit; der Hymnenstil ist dem der Ballade gewichen, deren Erzählton noch unruhiger geworden ist; der gehobene, ebenmäßige sprachliche Duktus bei Watts, Christina Rossetti und Sabine Baring-Gould hat einer Redeweise Platz gemacht, die mit Abkürzungen und grammatischen Freiheiten wieder einmal dem Sussex-Dialekt nahesteht. Vor allem hat das Schlafgebot aber hier einen sehr unkonventionellen Sinn erhalten: das Kind soll sich wenigstens schlafend stellen, wenn es draußen unruhig wird in einer Nacht, die alles andere als eine "holy night" ist. Und die Belohnung schließlich, die ihm verheißen wird, ist nicht metaphysische Geborgenheit, sondern eine sehr irdische "dainty doll, all the way from France".. Dabei wird die früheren Einschlafliedern eigene erbauliche Moral nochmals ausdrücklich sinnverkehrt: die Puppe wird sein "A present .. along o' being *good ..*" Gutsein besteht nicht in Gottesnähe, sondern in der gewitzten Verschwiegenheit eines Kindes, das den "Holy Innocents" keinesfalls zuzurechnen ist.

Bemerkenswert ist an diesen Gedichten, daß Kipling sich ständig neuer Techniken bedient. Seine Neigung zu volkstümlichen Darstellungsformen äußert sich so in "The Looking-Glass" darin, daß er das Gedicht als Tanzlied faßt. Es folgt auf die politisch-ernsthafte Erzählung "Gloriana" *(Rewards)*; wie diese hat auch das Gedicht eine ernste Thematik. Altgeworden, sieht Elisabeth I. in ihrem Spiegel die Geister Maria Stuarts und Lord Leicesters, die sie an ihre Schuld mahnen, aber mehr als der Spuk bedrückt sie ihr gealtertes Gesicht im "cruel looking-glass", und erst am Liedschluß weiß sie: "Yet I am Harry's daughter and I am England's Queen!". Aber diese – in diesem Fall nicht nur metrisch, sondern auch wesensmäßig balladeske – Dichtung wird nun immer wieder aufgelockert. Einmal eben dadurch, daß Kipling ihr Tanz-Charakter gibt, der sich schon in der ersten Zeile durch den Anruf verrät, der im *Country Dance* ähnlich an die Teilnehmer ergeht:

Queen Bess was Harry's daughter!

Später hat Kipling dem Lied ausdrücklich den Untertitel "A Country Dance" gegeben und die Situation des dörflichen Gemeinschaftstanzes auch in der ersten Strophe der späteren Fassung noch deutlicher gemacht[89]. Aber

---

[89] Zur metrischen Balladen-Form vgl. Anm. 84. Allerdings variiert Kipling das Balladen-Schema hier besonders in den Strophenschlüssen. – Die erweiterte Fassung findet sich zuerst in der *Sussex Edition:* "Queen Bess was Harry's daughter. Stand forward, partners all! / In ruff and stomacher and gown, / She danced King Philip down-a-down, / And left her shoe to show 'twas true – / (The very tune I'm playing you) / In Norgem at Brickwall!" usw. In der hier besprochenen ersten wie in der zweiten, erweiterten Form (die nicht in *Rewards* eingefügt wurde) folgt Kipling den authentischen *Country Dances* nicht genau, die viel weniger Sprech- bzw. Sing-Texte haben oder aber rudimentäre Kleindramen sind (vgl. C. J. Sharp u. George Butterworth, *The Country Dance Book*, 2 vols, London, 1909 ff., und E. K. Chambers, *The English Folk-Play*, Oxford, 1933).

schon der, von der eigentlichen Ballade getrennte, Aufruf läßt diese Auffassung erkennen und damit auch die Absicht, die Schwere und Problematik des Vorgangs in eine gewisse beschwingte Munterkeit hinüberzuleiten. Dem dient auch der weitere Verlauf (Vers 2 ff):

> *The Queen was in her chamber, and she was middling old,*
> *Her petticoat was satin and her stomacher was gold.*
> *Backwards and forwards and sideways did she pass,*
> *Making up her mind to face the cruel looking-glass.*
> *The cruel looking-glass that will never show a lass*   5
> *As comely or as kindly or as young as once she was!*

In dem "The Queen was in her chamber ..", das sich am Anfang jeder der vier Strophen des Gedichts findet, hat Robert Bridges[90] als erster die Anleihe erkannt, die Kipling hier bei einem *nursery rhyme* gemacht hat: "The king was in his counting-house, / Counting all his money; / The queen was in her parlour, / Eating bread and honey." Bridges stellt dazu fest, daß " .. the key of emotion is thus deliberately pitched at the level of the nonsensical nursery rhyme", und verweist ebenso auf die mundartliche Färbung des Gedichts, so wenn Elisabeth "middling old" genannt oder der Geist Leicesters beschrieben wird:

> *There came Lord Leicester's spirit and it scratched upon the door. (15)*

Der Klassizist Bridges empfindet die Nonsense-Elemente ebenso wie solche Dialektformen als störend und spricht von "incongruities", um das Lied schließlich doch anzuerkennen, weil der Autor solche "obstacles" siegreich überwinde[91]. Handelt es sich aber wirklich um störende, zu überwindende Einsprengsel, und nicht viel mehr um Kiplings Absicht? Tanzrhythmus, Nonsense-Elemente und volkstümliche Wendungen geben der unheimlich-trauervollen Würde eine triviale Familiarität, deren Aufgabe es offenkundig ist, den letzten Ernst dieser Lied-Szene nicht ganz aufkommen zu lassen.

Andererseits haben die Puck-Lieder gelegentlich eine deutliche Verwandtschaft mit dem Liedstil der von Kipling leidenschaftlich geliebten *Music Halls*, die ihn schon zu seinen *Barrack-Room Ballads* angeregt hatten. Besonders in "Gatti's-under-the-Arches" in Villiers Street findet Kipling "the

---

[90] Robert Bridges' Essay "Wordsworth and Kipling" (1912) wird nicht in der phonetischen Schrift Bridges' (vgl. *Collected Essays*, XIII, Oxford, 1933), sondern in der Umschrift von Bonamy Dobrée (a. a. O., p. 184 f.) zitiert. Das *Nursery Rhyme*-Zitat gibt Bridges nur mit der die Königin betreffenden Zeile (es ist obenstehend wiedergegeben nach *The Oxford Dictionary of Nursery Rhymes*, 1952, p. 394).

[91] " .. and yet, in spite of those things, the whole has an irresistible force, so that our dislike of the incongruities, if we feel any, is overpower'd; and this force, though it may not be due to the apparent obstacles, may seem the greater for its victory over them .." (zit. nach Dobrée, a. a. O., p. 185).

smoke, the roar, and the goodfellowship of relaxed humanity", und daß "Gatti's" eines seiner Lieder angenommen hätten, vermerkt er mit Stolz[92]. Ebenso hat der, gegenüber den *Music Halls* verfeinerte, Stil der komischen *Savoy Operas* W. S. Gilberts und A. S. Sullivans Kipling angezogen (sein "The Absent-Minded Beggar" wurde von Sullivan vertont).[93] "Einflüsse" lassen sich auch hier kaum in einzelnen beweisen, jedoch sind Analogien zu den Liedern der *Music Halls* wie zu denen von Gilbert-Sullivan spürbar in "A Truthful Song", der in *Rewards* vor "The Wrong Thing" steht.

Sänger sind ein "Bricklayer" und ein "Sailor", die nebeneinander "auf-treten" (bei manchen Liedern Kiplings, die er meist zu ihm bekannten, popu-lären Melodien schrieb, ist der Begriff des "Auftretens" und "Vorsingens" an-gebrachter, als die Behandlung als bloßer Leser-Text). Ihr gemeinsames Thema ergibt sich aus der ersten Strophe des "Bricklayer":

> *I tell this tale, which is strictly true,*
> *Just by way of convincing you*
> *How very little since things were made*
> *Things have altered in the building trade.*

Dies wird illustriert durch die Begegnung des Sängers auf einer Baustelle beim Marble Arch mit "Pharaoh the Great", der festgestellt habe, daß zwar

> *'Your glazing is new and your plumbing's strange,*
> *But otherwise I perceive no change,*
> *And in less than a month, if you do as I bid,*
> *I'd learn you to build me a Pyramid.' (21–24)*

Nachdem der "Sailor" von einer ähnlichen Begegnung berichtet, die er in Blackwell Basin mit "Noah, commanding the Ark" gehabt habe, beschließen beide:

> *We tell these tales, which are strictest true etc.*

Das vielfältig in den Geschichten abgewandelte Axiom, daß sich im ent-scheidenden im historischen Wandel wenig ändere, wird hier in einer Weise

---

[92] Das Zitat stammt aus *Something of Myself*, p. 81. – Von seinem Lied für "Gatti's" berichtet Kipling in "My Great and Only" (1890) (vgl. Carrington, p. 419 f.). Schon Le Galienne sah in Kipling "the Burns (..) of the music-hall song" (a. a. O., Chapt. I); Gleiches betont die spätere Kipling-Literatur, jedoch ohne interpretierende Nachweise. (vgl. auch A. M. Weygandt, a. a. O., Chapt. VII: "Kipling and the Song"). Die ältere Literatur über die *Music-Halls* beschreibt ihre Ent-stehung und ihre Hauptvertreter, geht aber auf die Liedtexte und -melodien nicht näher ein (z. B. P. H. Fitzgerald, *Music-Hall Land* (1890) und *The London Pavilion* (1900)). Christopher Pullings *They were Singing* (1952) ist für das oben Gesagte nützlicher, vor allem aber die aus-gezeichnete interpretierende Sammlung *Songs of the British Music-Hall* von Peter Davison (Oak Publications, New York, 1971).

[93] Zu Kiplings häufigen Zitaten aus den *Savoy Operas* vgl. A. M. Weygandt, a. a. O., Chapt. VII.

bekräftigt, die darum komisch ist, weil historische Größe und volkstümliches und durchschnittliches Menschentum aus edwardischer Zeit einander gleichgestellt sind. Wie oft in den Darbietungen der *Music Halls* singen Vertreter der "working class" von ihren Alltagserlebnissen[94], aber daß eben die Begegnung mit dem ägyptischen Pharao oder mit Noah durchaus unfeierlich und ohne Ehrfurcht vor ihrer Bedeutung als Alltagserlebnis erscheint, ist heiterer Widersinn. Noah und Pharao sind Autoritäten, die aber doch nur den Wert des Normalen bekräftigen, das sich hier in einer "Old Hobden" vergleichbaren, zeitbeständigen Anonymität darstellt; die Großen der Vergangenheit haben ihre unverwechselbaren Eigennamen, aber die beiden Sänger, die hier vor einem imaginären *Music Hall*-Publikum unbefangen auftreten, sind lediglich Vertreter ihrer Berufe, die übrigens ebenso wie Hobden in einfachster, dialektal gefärbter Rede sich äußern. Die Form des Nacheinander-Singens mit dem abschließenden "Chorus" der beiden Sänger erinnert zusätzlich an die Reihenfolge Duett-Chorus, wie sie sich in den *Savoy Operas* häufig findet[95].

Auch "King Henry VII. and the Shipwrights" gibt sich volkstümlich in Thema, Metrum und Sprache. Mit "The Wrong Thing", nach dem das Gedicht eingefügt ist (*Rewards*), und dem dort gegebenen Bild des knausernden Heinrichs VII. hat der Herrscher, der hier den Schiffsbauern begegnet, kaum etwas gemeinsam. Er ertappt sie dabei, wie sie das königliche Kriegsschiff "Mary of the Tower" im Winterdock systematisch ausplündern: "with all her tackle and habiliments", den Hauptmast eingeschlossen. Nur Bob Brygandyne steuert den anderen, obwohl auch er seinen Teil hat mitgehen lassen, als sie auch noch das Kochgeschirr des Schiffs mitnehmen:

'I have taken plank and rope and nail, without the King his leave,
After the custom of Portesmouth, but I will not suffer a thief.
Nay, never lift up thy hand at me! There's no clean hands in the trade.
Steal in measure', quo' Brygandyne. 'There's measure in all things made!'
(ll. 25–28)

Das entspricht der läßlichen Ehrlichkeit Hobdens, und der plötzlich auftauchende König heißt es gut und sieht den Betrügern durch die Finger. Die elf vierzeiligen Strophen des Gedichts erinnern wiederum an die Volksballade; die gemächliche Erzählweise in archaisierender Sprache läßt an Balladen wie "King Edward the Fourth and the Tanner of Tamworth" denken, die

---

[94] Vgl. dazu auch Colin MacInnes, "Kipling and the Music Halls" (in: *Rudyard Kipling, the man, his work and his world*, ed. by John Gross, London, 1972, pp. 58 ff.).
[95] Zur Komik bei Gilbert-Sullivan ausführlich: James Delmont Ellis, *The Comic Vision of W. S. Gilbert*, Ph. D. dissertation, State University of Iowa, 1964.

schon Thomas Percy in seinen *Reliques* (1765) abdruckte[96]. Jedoch ist Kipling witziger als die Volksballade. In ihr geht es anekdotisch um ein Mißverständnis: der Gerber erkennt den König nicht, hält ihn für einen Dieb, behandelt ihn dementsprechend und erfährt erst am Schluß, daß er mit dem Herrscher verhandelt hat, der ihm amüsiert seinen Irrtum nachsieht. Kipling behandelt (wiewohl ebenfalls schwankhaft—anekdotisch) das tiefergreifende Rechtsproblem des Raubs am Königsgut und biegt es dann überraschend um: statt der angebrachten Strafe übt Heinrich menschenkundige, kompromißbereite Milde, die von der Wirklichkeit nicht mehr verlangt, als sie im allgemeinen hergibt. Wie in anderen Geschichten und Erzählungen wird so auch hier Prinzipienstrenge humoristisch desavouiert. Dazu paßt auch, daß König Heinrich nicht majestätisch, sondern "meanly" auftritt: "In an old jerkin and patched hose .." (7), und daß der Herrscher den – nur sehr bedingt redlichen – Brygandyne zum "Clerk of all his ships" ernennt.

"Philadelphia" andererseits (vor "Brother Square-Toes" in *Rewards*) wandelt in vergnüglichster Weise das Thema von der Vergänglichkeit aller Größen ab, die in den folgenden beiden Pharaoh-Erzählungen dann erscheinen werden. Das *ubi sunt*-Motiv scheint durch die vier Strophen von "Philadelphia" (mit leicht variiertem Refrain) gerade noch durch, aber es wird nicht zur elegischen Klage über vergangene Herrlichkeit ausgeweitet, sondern durchaus fidel vorgetragen:

> *If you're off to Philadelphia in the morning,*
> *   You mustn't take my stories for a guide.*
> *There's little left indeed of the city you will read of,*
> *   And all the folk I write about have died.*
> *Now few will understand if you mention Talleyrand,*   5
> *   Or remember what his cunning and his skill did.*
> *And the cabmen at the wharf do not know Count Zinnendorf*[97],
> *   Nor the Church in Philadelphia he builded.*
>
> > *It is gone, gone, gone with lost Atlantis*
> > *(Never say I didn't give you warning).*   10
> > *In Seventeen Ninety-three 'twas there for all to see,*
> > *But it's not in Philadelphia this morning.*

Der viermal wiederholte Strophenbeginn "If your'e off to Philadelphia ...", dem dreimal das Refrain-Ende (".. in Philadelphia this morning.") entspricht, dürfte eine Übernahme aus dem irisch-amerikanischen Auswandererlied "Off to Philadelphia" sein, dessen Sänger "Paddy Leary" aus Tipperary noch vor Morgengrauen seine Mädchen verlassen und sich nach Amerika einschiffen

---

[96] Vgl. A. M. Weygandt, a. a. O., p. 175.
[97] Schreibung "Zinnendorf" (für Zinzendorf als Begründer der mährischen Brüdergemeinde) von Kipling.

wird[98]. Inhaltlich besteht keinerlei Übereinstimmung mit dem "Philadelphia" Kiplings, wohl aber in der Grundhaltung unbekümmert-respektloser Lebensbejahung. Sie wird durch Anlehnungen an den Liedstil der *Music Halls* verstärkt: ganz direkt wird hier ein Publikum angeredet, und besonders der stampfende Rhythmus des "It is gone, gone, gone ..." erinnert an *Music Hall*-Effekte, wie Kipling sie schon in den *Barrack-Room Ballads* anwandte, und deren stimulierenden Einfluß auf die Zuhörer er in der Erzählung "The Village that Voted the Earth was Flat" amüsant darstellt (in: *A Diversity of Creatures,* 1917)[99]. Der munter vorgebrachte Gegensatz von abgestorbener Vergangenheit und lebendiger Gegenwart mündet am Liedschluß in den tieferen Kontrast zwischen allem zeitgebundenen menschlichen Wesen und der sich stets gleichbleibenden Natur ein, die überraschend lyrisch angesprochen wird. Die Helden der amerikanischen Unabhängigkeitsbewegung und ihre Zeitgenossen sind dahin, aber:

> *Still the pine-woods scent the noon; still the catbird sings his tune;*   42
>   *Still Autumn sets the maple-forest blazing.*
> *Still the grape-vine through the dusk flings her soul-compelling musk;*
>   *Still the fire-flies in the corn make night amazing.*   45
>
>   *They are there, there, there with Earth immortal*
>   *(Citizens, I give you friendly warning).*
>   *The things that truly last when men and times have passed,*
>   *They are all in Pennsylvania this morning!*

Ebenso wie hier wird geschichtliche Größe in "A St. Helena Lullaby" eingeschränkt (zwischen "Brother Square-Toes" und "A Priest in Spite of Himself"). Die Karriere Napoleons über Paris, Austerlitz, Trafalgar, den Beresina-Übergang und Waterloo erscheint am Ende der acht vierzeiligen Strophen als bloße Unruhe eines Kindes:

> *.. fold your hands across your heart and cover up your face,*
>   *And after all your trapesings, child, lie still!*   (ll. 31 f.)

---

[98] "For I'm off to Philadelphia in the mornin' / Wid my bundle on my shoulder, / Faith! there's no man could be bolder .." etc. ist der Refrain des Liedes, das mit Gesangsnoten abgedruckt ist in: Max Spicker ed. *Favorite Bass Songs,* New York, o. J. (1898?), pp. 82–88. Ich verdanke den Hinweis auf den Text Frau Professor Dr. Ursula Brumm (Berlin).

[99] Wortwiederholung im Refrain kennen auch die *Savoy Operas,* am häufigsten in den "Chorus"-Liedern z.B. in *The Micado* u. a. m. Die scharf akzentuierte Betonung gehört eher den *Music Halls* zu. Sie findet sich in den, an den *Music Halls* orientierten, *Barrack-Room Ballads* etwa in "Gunga Din" (mit dem "Din!Din!Din!"), oder in "The Young British Soldier" (mit dem "Serve, serve, serve .."). In "The Village that Voted .." singen die Zuhörer den Refrain in der *Music Hall* Bat Masqueriers immer wieder wie besessen der Sängerin Dal nach: ".. the house tore it clean away from her – 'Earth was flat – Earth was flat. Flat as my hat – Flatter than that' (....) It was delirium" (*A Diversity of Creatures,* p. 189).

Das kolloquiale "trapesings" trivialisiert kommentierend eine weltge-
schichtliche Laufbahn und hat einen humoristischen Klang, wie ihn auch die
Äußerungen Hobdens besitzen, wenn man sie als indirekten Kommentar zur
Bedeutung wichtiger historischer Ereignisse und Gestalten begreift.

Das Schmuggler-Lied "Poor Honest Men", das die Pharaoh-Erzählungen
abrundet, lebt gleichfalls aus der komischen Verkehrung von Wertvorstel-
lungen, wenn es vielfach versichert, die Schmuggler seien im Grunde unge-
recht verfolgte Menschenfreunde, die mit ihrer Ware "comfort or aid to King
George may intend" (v. 27) und allzu hart bestraft würden:

> To be drowned or be shot
> Is our natural lot,
> Why should we, moreover, be hanged in the end –
> After all our great pains
> For to dangle in chains,
> As though we were smugglers, not poor honest men?   (61–66)

Die zwei Lieder schließlich, die die Erzählung "A Doctor of Medicine"
einrahmen, entsprechen genau der Mischung von Ernst und Humor, die den
Culpeper-Bericht bestimmt. "An Astrologer's Song" bejaht den Sternen-
glauben emphatisch, aber das abschließende "Our Fathers of Old" schränkt
dies in fünf zehnzeiligen Strophen ein:

> Wonderful little, when all is said,
>   Wonderful little our fathers knew.
> Half their remedies cured you dead –
>   Most of their teaching was quite untrue –
> 'Look at the stars when a patient is ill,
>   (Dirt has nothing to do with disease,)
> Bleed and blister as much as you will,
>   Blister and bleed him as oft as you please.'
>   Whence enormous and manifold
>   Errors were made by our fathers of old.   (ll. 21–30)

Ganz im Sinn der Culpeper-Erzählung wird freilich dann auch dieser Spott
wieder relativiert: mit irrigen Anschauungen verbanden die "fathers of old"
jenen Mut, den auch Culpeper bewährt:

> Yes, when the terrible dead-cart rolled,
>   Excellent courage our fathers bore –
>   Excellent heart had our fathers of old.
>   None too learned, but nobly bold,
>   Into the fight went our fathers of old.   (ll. 36–40)

So erhofft sich das Lied am Schluß die Gesinnung der Vorväter für die Gegenwart, die ist "distracted by what we know". Damit wird die Culpeper-Problematik bestätigt: Vergangenes kann komisch sein, sofern es eng zeitgebunden erscheint, aber nichtzeitverhaftete menschliche Haltungen bleiben ein Positivum. Gerade in den beiden Culpeper-Liedern wird die Ambivalenz von Kiplings humoristischer Vergangenheits-Auffassung deutlich.

Auffällig ist übrigens, daß die Verse Kiplings in C. R. L. Fletchers *History of England* keine humoristischen Pointen haben. Wie Fletcher in den von ihm verfaßten Prosakapiteln gewissenhaft, aber phantasiearm und oft lehrhaft-nationalistisch verfährt, so sind auch die zahlreichen eingestreuten Verse Kiplings relativ matt, auffällig breit, oft übermäßig rhetorisch und gelegentlich sentimental. Es fehlen fast ganz die impressionistische Bildhaftigkeit und die rhythmische Bewegtheit der Gedichte aus den Puck-Bänden, und ebenso hat die humorvolle Freude am Spiel mit der Vergangenheit in der *History* einer unverkennbar didaktischen Tendenz Platz gemacht. Fletchers Buch erschien nur ein Jahr nach *Rewards* (1911), aber Kiplings Beiträge zeigen so gut wie keine Nachwirkung des Stils, der die Puck-Folge auszeichnet [100].

---

[100] Ins einzelne gehende Vergleiche gehören nicht hierher, jedoch sei z.B. auf "Norman and Saxon" (Fletcher, a.a.O., pp. 51–53) verwiesen, in dem ein normannischer Baron auf dem Sterbebett seinen Sohn im richtigen Umgang mit den unterworfenen Sachsen unterweist. Bezeichnend für das oben Gesagte ist, daß diese Unterweisung in Form eines detaillierten Katalogs von Imperativen erfolgt, hinter dem die Situation der Sterberede völlig zurücktritt. Vor allem macht das Gedicht alles Gemeinte übermäßig deutlich, auch in Form der Wiederholungen ein und derselben Regel: "But first you must master their language, their dialect, proverbs and songs, / Don't trust any clerk to interpret when they come with the tale of their wrongs .." etc. (Strophe 3), oder: "Say "we", "us" and "ours" when you're talking instead of "you fellows" and "I"" etc. (Strophe 5). An die Stelle der phantasievollen Vergangenheits-Bilder tritt auch in den anderen Gedichten der *History* die leicht verständliche Erörterung. Ausnahmen sind ganz selten, so in dem, entfernt an die *Music Halls* erinnernden, Lied über das Dane-geld: "It is always a temptation to an armed and agile nation .." etc. (a.a.O., p. 39 f.).

VII.

Abschließend stellt sich die Frage, ob die humoristische Bewertung der Vergangenheit durch Kipling sich mit Werken anderer Autoren in Beziehung setzen läßt. Tatsächlich gibt es hier gewisse Gemeinsamkeiten und Traditionen, die auf die Puck-Folge hinführen, wenn eine Beziehung auch nur bedingt festgestellt werden kann.

Gemeint ist damit nicht die historische Erzählung Scotts und seiner Nachfolger. Bei Scott ist das Komische peripher, haftet vor allem an Nebenfiguren und -szenen und prägt das Hauptthema nicht entscheidend mit[101]. Bei Scotts Nachfolgern verblaßt die humoristische Färbung episodischer Elemente vollends. Der viktorianische historische Roman ist im wesentlichen von jenem Ernst geprägt, der sich bei Bulwer, Kingsley oder Reade zeigt; eine Ausnahme machen einzelne Episoden in Robert Louis Stevensons *Kidnapped* (1886) und *Catriona* (1893). Nur W. M. Thackerays *Vanity Fair* (1847–48) hebt sich von diesem Bild durch seinen sardonischen Spott ab. Für die zunehmend moralisierende und patriotische Tendenz historischer Romane im 19. Jahrhundert ist es auch kennzeichnend, daß Charles Dickens in seinen einzigen beiden historischen Romanen (*Barnaby Rudge*, 1841; *A Tale of Two Cities*, 1859) auf die humoristische Beleuchtung verzichtet, deren Meister er war. Lehrhaftigkeit und nationales Pathos gewinnen besonders in solchen Werken an Boden, die ausdrücklich für junge Leser verfaßt sind: J. G. Edgars *Cressy and Poictiers* (1865), Alfred John Churchs *The Count of the Saxon Shore* (1887), George Alfred Hentys *Beric the Briton* (1893) und *Wulf the Saxon* (1895), vor allem aber die zahlreichen historischen Erzählungen von Charlotte M. Yonge wie *The Little Duke or Richard the Fearless* (1854), *The Prince and the Page* (1865) und viele andere. Ihre literarische Bedeutung ist gering; mit Ausnahmen sind die erwähnten, meist kurzen, Geschichten heute vergessen. Jedoch ist ihre Popularität bei jungen Lesern vor Kipling unbestritten – *Puck* und *Rewards* heben sich gerade von diesen Büchern entschieden ab.

Im Gegensatz zu ihnen ist Kipling dagegen mit zwei Jugendbuch-Autoren seiner Zeit in Beziehung gesetzt worden, die einiges mit den Puck-Geschichten gemeinsam haben: Edward Lester Arnold und Edith Nesbit. Beide haben wie Kipling das Interesse an Problemen des Zeitablaufs und seiner Überwindung; beide lassen ihre Hauptfiguren in ihnen fremden Epochen auftauchen; auch fehlt das Komische nicht. So erscheint in Arnolds *Lepidus the Centurion*

---

[101] Vgl. Anm. 78 b) der vorliegenden Arbeit.

(1901) ein antiker Römer in der viktorianischen Gegenwart[102], und Edith Nesbit hat vorab in *The Story of the Amulet* mit dem Thema der Zeit-Reise gespielt, wenn sie vier edwardische Kinder in das ägyptische, römische, babylonische und phönizische Altertum versetzt. Das *Amulet* erschien zuerst in Fortsetzungen im *Strand Magazine* 1905–06; in den gleichen Heften veröffentlichte Kipling seine ersten Puck-Geschichten (und Sir Arthur Conan Doyle *Sir Nigel*). Angesichts der persönlichen Bekanntschaft Kiplings mit Edith Nesbit und der Begeisterung, mit der seine Kinder ihr früheres Werk *The Phoenix and the Carpet* (1904) aufnahmen, hat man vermutet, Kipling sei durch Edith Nesbit angeregt worden[103]. Beweisen läßt sich das nicht, jedoch kann ein knapper Vergleich von *Lepidus* und *Amulet* mit den Puck-Folgen Kiplings Eigenart hervorheben.

Einerseits sind Ähnlichkeiten zu erkennen. Wie Kiplings Centurio Parnesius, so taucht auch der Lepidus Arnolds in der Gegenwart auf, allerdings nicht mit der Selbstverständlichkeit wie bei Kipling, sondern auf sensationelle Art: der archäologisch interessierte Squire Louis Allanby entdeckt bei Ausgrabungen den Körper des Marcus Lepidus, aber der Centurio hat die Zeit bis 1900 scheintot überstanden, schlägt die Augen auf und beginnt nun ein neues Leben. Eine Sensation und Melodrama verbindende Ereignisfolge zeigt den Römer dann einerseits als Berichterstatter seiner ersten Existenz, der aber andererseits – anders als Parnesius – im Jahr 1900 auch mit den Menschen der Neuzeit in lebhafte Interaktion gerät; sie gipfelt und endet damit, daß er sich in Allanbys Verlobte Priscilla verliebt, schließlich jedoch im selbstgewählten Gifttod auf sie verzichtet ... Zwischen solche sentimentale Züge schaltet Arnold häufig komische Effekte ein, die viel mehr als bei Kiplings Parnesius auf der Gegensätzlichkeit zwischen antikem Römer und spätviktorianischer Zeit beruhen und meist possenhaft sind: der seit Jahrhunderten Scheintote niest beim Erwachen; im Hause Allanbys hält Lepidus den Ton des Dinner-Gongs für ein Alarmzeichen angesichts eines vermeintlichen Barbaren-Angriffs usw. Das alles ist gröber und weniger in sich geschlossen als die Parnesius-Geschichten, während Edith Nesbit weitaus anspruchsvoller und geistreicher vorgeht, wenn sie in *The Story of the Amulet* das Thema

---

[102] Auf Arnold macht im Zusammenhang mit Kipling aufmerksam J. M. S. Tompkins, a. a. O., pp. 226–229 (vgl. auch schon Roger Lancelyn Green in: *Kipling Journal*, Oct. 1957). Schon in Arnolds *The Wonderful Adventures of Phra the Phoenician* (1890) hat das Zeit-Thema Bedeutung, weil der Phönizier verschiedene Inkarnationen erlebt: als römischer Centurio, sächsischer Than, später als verfrühter Erfinder der Dampfmaschine im elisabethanischen England. Das ähnelt allenfalls Kiplings "The Finest Story in the World" (*Many Inventions*, 1891), nicht aber den Puck-Geschichten.

[103] Carrington, a. a. O., p. 443 f., erwähnt nur *The Phoenix and the Carpet* im Zusammenhang mit Kipling (ebenso J. M. S. Tompkins, a. a. O., p. 228 f.). Aber im *Phoenix* bringt der fliegende Wunsch-Teppich die Kinder nur an verschiedene Orte in der Gegenwart; erst *The Story of the Amulet* behandelt Zauberfahrten durch verschiedene Zeiten.

der Zeit-Reise behandelt. Das Amulett, das die Kinder in einem Londoner Trödelladen erstehen, versetzt sie je nach Wunsch in beliebige Zeiträume: in das steinzeitliche Ägypten, nach Babylon, Atlantis und zu Julius Caesar, zu den Phöniziern, in das Ägypten der Pharaonen und einmal sogar in die englische Zukunft und in ein London, dessen Leben nach den Prinzipien der Vernunft und Humanität organisiert ist. Letzteres erinnert an die Fabian Society, der Edith Nesbit angehörte; daß Herbert George Wells, ebenfalls Mitglied der Gesellschaft und mit Edith Nesbit befreundet, mit *The Time Machine* (1895) Anregungen zum *Amulet* gegeben hat, ist anzunehmen[104]. Freilich ist Wells' Buch eine negative, naturwissenschaftlich-technische Utopie, während das *Amulet* durchaus märchenhaft ist, eine Zaubergeschichte, in der mit dem Amulett das Wunschring-Motiv abgewandelt wird und mit dem Psammead ein hörnerbewehrtes, pelziges "sand-fairy" als Begleiter der Kinder auf ihren Zeit-Reisen eine Rolle spielt. Die Zauberei und ihre Erfüllungen im *Amulet* sind dabei ungleich phantastischer als die Magie von Kiplings Puck, die sich darauf beschränkt, Vergangenheitsfiguren in der Gegenwart erscheinen zu lassen, während die dann folgende Erzählung pragmatisch verläuft und ohne Märchenwunder auskommt[105]. Edith Nesbit läßt dagegen den Leser nie vergessen, daß es sich um eine ganz und gar unglaubliche und verblüffende Geschichte handelt. In ihr interessiert das Historische viel weniger als der ausgelassene Wirbel der Zeitverschiebungen, die durch die neugierigen und willkürlichen Wünsche der Kinder bewirkt werden. Daß, noch mehr als bei Arnold, lebhafte, oft bedrohliche Kollisionen die Begegnung der Zeit-Reisenden mit den Vertretern anderer Epochen kennzeichnen, macht das *Amulet* zur Abenteuergeschichte, und damit hängen auch die häufigen komischen Pointen des Buchs zusammen. Sie beruhen auf der absurden Unstimmigkeit zwischen Einst und Jetzt: Babylonier und Ägypter bestaunen und fürchten die edwardischen Kinder als vermeintliche Magier, oder Julius Caesar erfährt zum ersten Mal durch sie, daß er demnächst Britannien erobern werde (so daß der Besuch der Kinder in der Vergangenheit zur Ursache zukünftiger Entscheidungen wird). Komisch ist bei all dem das gegenseitige Mißverstehen wie auch die Naivität früherer Kulturen im Vergleich zu den Zeit-Reisenden, aber häufig

---

[104] H. G. Wells wird im *Amulet* (Chapt. 12) als der "great reformer" genannt; wie in *The Time Machine* denken die Kinder bei Edith Nesbit über das Problem der Zeit als einer Dimension nach, und beim Zeit-Sprung entsprechen ihre Empfindungen fast genau denen des Wellsschen Zeitfahrers (vgl. pp. 57, 181, 193 der Neuausgabe, *Puffin Book*, 1959). Derartige Übereinstimmungen werden in der Nesbit-Literatur ebensowenig untersucht wie etwa stilistische und erzähltechnische Eigenarten der Nesbitschen Bücher. Vgl. Doris Langley Moore, *E. Nesbit: A Biography* (London, 1967), die nur auf die Beziehung Edith Nesbits zur Fabian Society und zu H. G. Wells hinweist (Chapts. VII ff.), oder Noel Stratfeilds *Magic and the Magician: E. Nesbit and her Children's Books* (London, 1958).

[105] Ausnahmen nur: "Dymchurch Flit" (*Puck*) und "Cold Iron" (*Rewards*), wo das Märchenhafte aber nicht, wie bei Edith Nesbit, gleichzeitig Erlebnis der Kinder wird.

fällt solch eine, nur leicht betonte, Fortschrittsoptik auch fort zugunsten rational nicht definierbarer, possenhafter Szenen, so wenn die Königin von Babylon (der die Kinder einen Wunsch freigestellt haben) im modernen London erscheint und ihr die babylonischen Exponate des Britischen Museums entgegenfliegen (Chapt. 8).

Stärkere Übereinstimmungen als mit Arnold und Nesbit bestehen jedoch zwischen Kipling und einer literarisch-graphischen Mischgattung, die im Folgenden als die der "Comic Histories" bezeichnet werden soll (nach dem Titel des umfangreichsten Werkes dieser Richtung). Die Geschichte der "Comic Histories" ist noch nicht geschrieben worden; sie müßte eine große Zahl von Beiträgen verschiedenster Autoren und Künstler sammeln, gliedern und auf ihre Aussagen hin befragen. Im Rahmen einer Kipling-Studie verbietet sich solch ein Versuch erst recht, so daß es bei Hinweisen und einzelnen Proben sein Bewenden haben muß. Aber auch sie können bestimmte Gemeinsamkeiten der "Comic Histories" untereinander und ebenso im Vergleich mit Kipling verdeutlichen.

Die "Comic Histories" lassen sich als Zweig einer schon im 18. Jahrhundert beginnenden parodistischen Tradition begreifen, die zunächst aber nur der *Literatur* der Vergangenheit, besonders der des Mittelalters, sowie zeitgenössischen Mittelalter-Nachahmern galt[106]. Parodiert werden die Volksballade, später die "Gothic Novel", und dann auch die Romane Scotts. Im 19. Jahrhundert sind prominente Vertreter solcher Travestien etwa Richard Barnham mit seinen *Ingoldsby Legends* (1840) oder W. M. Thackeray mit seiner *Ivanhoe*-Parodie *Rebecca and Rowena* (1849). Erst die 1840er Jahre bringen dann satirische und parodistische Darstellungen auch der englischen politischen Geschichte. 1842 veröffentlichte Thackeray in, von den Anfängen bis zu Edward III. reichenden, Folgen *Miss Tickletoby's Lectures on English History* in *Punch, or The London Charivari*, denen er eigene Karikaturen beigab. Die Verbindung von Text und karikierender Graphik blieb dann durchweg ein Merkmal der "Comic Histories" nach Thackeray. Für ihre Neuheit nach 1840 ist es im übrigen kennzeichnend, daß selbst bekannte Humoristen die komische Darstellung der englischen Vergangenheit zunächst ablehnten. Das beweist der Briefwechsel zwischen Douglas William Jerrold und Charles Dickens, in dem Jerrold im Oktober 1847 empört schreibt: "After all, life has something serious in it. It cannot be all a comic history of humanity. (...) Think of a Comic History of England; the drollery of Alfred; the fun of

---

[106] Vgl. Hans Schnyder, *Die Wiederbelebung des Mittelalters im humoristischen Abbild* (Bern, 1956). Der Verf. bespricht – außer Tackeray und à Beckett – lediglich *Literatur*-Parodien und bezieht die 2. Hälfte des 19.Jahrhunderts nicht mehr ein. – Zur parodistischen Gestaltung des – sagenhaften – Arthurstoffes vgl. Mark Twains *A Connecticut Yankee in King Arthur's Court* (1889) und Dieter Herms, *Die humoristische Behandlung des Arthurstoffes in der neueren englisch-amerikanischen Literatur,* diss. phil., Regensburg, 1968.

Sir Thomas More in the Tower; (...) Surely the world will be sick of such blasphemy!". Dickens erwiderte durchaus zustimmend [107]. Offenkundig wenden sich Jerrold, berühmter *Punch*-Beiträger und Verfasser dramatischer Burlesken, und der Autor der *Pickwick Papers* nicht gegen das Komische schlechthin, sondern eben nur gegen die Persiflage der politischen nationalen Geschichte, deren Größe und Würde herabzuziehen für Jerrold Blasphemie ist. Dennoch sollten Jerrolds Befürchtungen sich bald erfüllen. 1847–48 erschien im Verlag des *Punch* Gilbert Abbott à Becketts zweibändige *The Comic History of England,* die von den Druiden bis zu Georg II. reichte (mit zahlreichen Illustrationen von John Leech). Sie blieb das ganze Jahrhundert hindurch ein Publikumserfolg; Neuauflagen erschienen 1864, 1894, 1897 und 1900. Vor allem machte das Vorbild Thackerays und mehr noch das Werk à Becketts auch Schule. Im einzelnen kann das hier nicht nachgewiesen werden; ein Blick auf die 1890er Jahre und das erste Jahrzehnt des 20. Jahrhunderts, also die eigentliche Kipling-Zeit, muß genügen, obgleich auch solch eine Umschau nur Wichtigstes hervorheben kann. In erster Linie ist dabei an Serien in *Punch* zu denken, wiewohl auch andere Zeitschriften und Zeitungen noch ein reiches Material enthalten. In diesen Serien in *Punch* dringt die Karikatur, mit oft knappem Unterschriftstext, in den Vordergrund, so in den vielen Serien von E. T. Reed, wie den *Prehistoric Peeps* (1893, 1894, 1895), den *Prehistoric Waits* (1896) und den Blättern der *Unrecorded History* (1896, 1903). Vergleichbare Serien hat besonders auch George Morrow zu *Punch* beigesteuert, so die *Episodes in the Lives of the Great* (1909), die *Little Worries of the Middle Ages* (1910) oder die *Scenes from our Rough Island Story* (1910). 1903 erschienen in *The Morning Leader* Arthur Morelands *Humors of History,* die im gleichen Jahr in Buchform herauskamen und schon 1905 wegen ihres großen Erfolgs erweitert eine zweite Auflage erlebten. Von der englischen Produktion offenkundig angeregt, war schon 1896 in Philadelphia *Bill Nye's History of England* von Edgar Wilson Nye erschienen, in der – wie bei à Beckett – die literarische Darstellung der Zeit "from the Druids to the Reign of Henry VIII" die eingestreuten Karikaturen (Q. M. Goodes und A. M. Richards) überwiegt. In England ist die Neigung zur komischen Vergangenheitsdarstellung bis heute nicht abgerissen: ihren bekanntesten Höhepunkt fand sie in W. C. Sellars und R. J. Yeatmans *1066 and All That,* das 1930 als Serie in *Punch,* bald auch als Buch, und als solches in zahlreichen Auflagen bis heute, erschien.

Die humoristische Beleuchtung der eigenen nationalen Vergangenheit ist allem Anschein nach eine feste englische Konvention, mit der England sich

---

[107] Jerrold und Dickens zitiert nach M. S. Spielman, *The History of 'Punch'* (London, 1895, p. 277 f.). Weder Spielman noch R. G. G. Price (*A History of Punch,* London, 1957) behandeln Thackeray und seine Nachfolger im einzelnen. – Zu Jerrold als Humoristen vgl. Richard M. Kelly, *Douglas Jerrold* (New York, 1972).

von anderen europäischen Ländern unterscheidet. Am ehesten dürfte sich eine vergleichbare Literatur und Graphik in Frankreich entwickelt haben [108]; jedoch fehlt über sie ebenso eine zusammenfassende und vergleichende Untersuchung, wie die Geschichte der englischen "Comic Histories" noch Desideratum ist. Im Kipling-Zusammenhang sei nur nach der englischen Produktion und danach gefragt, welches die hauptsächlichen Eigenarten der "Comic Histories" sind und ob bzw. in welcher Art sie sich in den Puck-Geschichten widerspiegeln.

Gilbert Abbott à Beckett gibt im *Preface* seines Werks eine Definition, wie sie auch für die anderen "Comic Histories" gilt, wenn diese auch nicht ihr Ziel ausdrücklich-prinzipiell aussprechen:

> *Persons and things, events and characters, have been deprived of their false colouring, by the plain and matter-of-fact spirit in which they have been approached by the writer of the "Comic History of England". He has never scrupled to take the liberty of tearing off the masks and fancy dresses of all who have hitherto been presented in disguise to the notice of posterity. Motives are treated in these pages as unceremoniously as men; and as the human disposition was much the same in former times as it is in the present day, it has been judged by the rules of common sense, which are alike at every period. (I, vi)*

Der am Schluß des Zitats formulierte Gedanke, der Mensch habe sich im Laufe der Historie nicht wesentlich verändert, ist auch aus den Puck-Geschichten bekannt, allerdings ohne die für à Beckett wichtige rationalistische Komponente. Bei ihm sind Übernahmen aus Hume nicht zu übersehen; sie werden durch die Hervorhebung des "plain and matter-of-fact spirit" und der "rules of common sense" bestätigt, von denen aus die Vergangenheit zu beurteilen sei [109]. Neu gegenüber Hume ist jedoch der Gedanke, eine nüchterne

---

[108] Vgl. etwa Léon Bienvenu ("Touchatout"), *Histoire de France Tintamarresque depuis les temps les plus reculés jusqua'à nos jours* (Paris, 1872) mit den Karikaturen von G. Lafosse u. a., ein Werk, das à Becketts *Comic History* in vielem verwandt ist. – Dagegen gehören Daumiers *Histoire ancienne* (1841–43) oder Dorés *Histoire .. de la Sainte Russie* (1854) und ähnliche Persiflagen nichtfranzösischer Vergangenheit nicht in den hier behandelten Zusammenhang der Verspottung der eigenen nationalen Geschichte.

[109] Vgl. David Hume, *Inquiry Concerning Human Understanding*, Section VIII, Part I (in: *Essays* etc. ed. T. H. Green und T. H. Grose, London, 1912, vol. II): "Mankind are so much the same, in all times and places, that history informs us of nothing new or strange in this particular. Its chief use is only to discover the constant and universal principles of human nature .." etc. Zu à Becketts Kritik am, nur angeblich, großen historischen Ereignis paßt auch Humes Feststellung: "Pretexts and appearances no longer deceive us. Public declarations pass for the specious colouring of a cause. And though virtue and honour be allowed their proper weight and authority, that perfect disinterestedness, so often pretended to, is never expected in multitudes and parties; seldom in their leaders; and scarcely even in individuals of any rank or station" *(ebda)*. Daß Hume seine These von der "uniformity in human actions" in seiner eigenen *History of England* nicht

73

Darstellung der bisher nur in "masks and fancy dresses" bekannten englischen Geschichte müsse und solle eine komische Wirkung haben. Dies ergibt sich für à Beckett aus dem Kontrast zwischen den Ansprüchen auf historische Größe und Würde auf der einen und der, vom "common sense" aufgespürten, Banalität und Fragwürdigkeit auf der anderen Seite, die das Wesen vergangener, bisher gefeierter Ereignisse ausmachten. Man spürt dieser humoristischen Konsequenz sowohl den Einfluß der oben schon erwähnten Literatur-Parodien an wie auch allgemein die Abneigung des Autors gegen jede Form von romantischem Historismus; am Schluße des *Preface* wendet à Beckett sich ausdrücklich gegen "the romance of history" und implicite damit auch gegen Scott und seine Nachfolger. Auch bei Kipling findet sich ja diese Einstellung.

An einigen ausgewählten Beispielen läßt sich die Sicht- und Gestaltungsweise der "Comic Histories" darlegen[110]. Auf direkte inhaltliche Parallelen zu Kipling müssen wir allerdings meist verzichten; sie sind selten. Jedoch erkennt man bestimmte Leitmotive und Darstellungs-Techniken. Ziel ist durchweg (ganz im Sinne von Humes *Inquiry*) die Entlarvung traditionell anerkannter und verherrlichter Größe, als deren eigentliche Motive Egoismus, Ehrgeiz, Machtsucht, Gewalttätigkeit und Betrug verstanden werden. Das Jahr 1066 erscheint in *Miss Tickletoby's Lectures* in pseudoloyaler Ironie als ganz unheroisch: "Harold being dead, his Majesty King William – of whom, as he now became our legitimate sovereign, it behoves every loyal heart to speak with respect – took possession of England, and, as is natural, gave all the good places at his disposal to his party. (...) He was a gallant soldier, truly – stern, wise, and prudent, as far as his own interests were concerned .." Wo die historische Leistung nur als Resultat von Macht- und Gewinnstreben verstanden wird, ist auch die Todesstunde des Königs nur satirisch glossiertes übliches Rollenspiel: "As usual after a life of violence, blood, and rapine, he began to repent on his death-bed; uttered some religious sentences (..) and gave a great quantity of the money he had robbed from the people to convents and priests." (*Miss Tickletoby's Lectures*, 31). Jede idealisierende Apotheose wird, besonders bei Schlachtenschilderungen, lächerlich gemacht, so wenn à Beckett vor der Schlacht bei Hastings einen "gigantic Norman, called Taillefer" auftreten, seine Schlachtaxt auf seinem Kinn balancieren und auf der Spitze seines Speers einen Kopfstand machen läßt ... Harolds Tod wird durch ein Wortspiel bagatellisiert: "Harold (...) observed

---

konsequent angewandt hat, ist à Beckett entgangen, obwohl er Humes *History* als Hauptquelle benützt. Vgl. zu Humes Geschichtsdarstellung: S.K. Wertz, "Hume, History, and Human Nature", in: *Journal of the History of Ideas*, XXXVI (1975), pp. 481–496.

[110] Die einzelnen, bereits genannten "Comic Histories" werden hier ohne Seitenangabe zitiert – mit Ausnahme von *Miss Tickletoby's Lectures* .. (Paginierung nach: Thackeray, *Works*, vol. XXVI, London, 1891) und à Becketts Werk, das unter dem Kurztitel *Com. History* angeführt wird.

with reference to the wound in his eye, that it was a bad look out, but he must make the best of it. At length he fell exhausted .." (*Com. History*, I, 54). Durchweg werden ferner Zeremonien trivialisiert, so wenn à Beckett von der lautstarken Störung der Bevölkerung anläßlich der Krönung Wilhelms des Eroberers berichtet, der "was left almost alone in the abbey, to finish his own coronation. He, however, went through the whole ceremony, and even added a few extemporary paragraphs (...) by the introduction of an oath or two of his own .." (*Com. History*, I, 56). Schöner Schein und unedle Wirklichkeit werden ständig kontrastiert, so in bezug auf Heinrich VII., der keineswegs der aus Shakespeare bekannte hochgemute und ritterliche Fürst gewesen sei. Vielmehr "he rather wanted the crown for what it was worth in a pecuniary point of view ..", und ebenso sei Humes Dictum "Henry loved peace without fearing war" in dem Sinne zu verstehen, daß "war afforded him a pretext for raising money, while peace (...) gave him an opportunity for pocketing the cash ..." (*Com. History*, II, 16). Gerade der in Shakespeares *Richard III.* so strahlend dargestellte Heinrich VII. ist auch in der Folgezeit wiederholt Zielscheibe des Spottes gewesen[111]. Komisch erscheinen aber gleichfalls fast alle anderen Herrscher und ihre Taten, und dabei wendet sich die Kritik von Thackeray bis hin zu den Serien vor und nach 1900 vor allem gegen alle extremen Emotionen, Ansprüche, Meinungen oder Errungenschaften. Die humoristische Bloßstellung all dessen, was als Übertriebenheit, Extravaganz oder Anmaßung empfunden wird, läßt sich stellvertretend für viele andere Stellen am besten an Oliver Cromwell verdeutlichen. Für à Beckett kennzeichnet ihn "the external semblance of religion with an extravagance of display" (*Com. History*, II, 189), und noch Moreland sieht ihn und seine Anhänger als fanatische und gewalttätige, zugleich aber tölpelhafte Figuren.

Die Karikatur, die um 1900 das Übergewicht über die Texte erhält, ist schon seit Thackeray aus den "Comic Histories" kaum wegzudenken. Sie illustriert die Texte, aber sie verstärkt auch die komische Wirkung. Denn die Texte für sich geben sich nicht ausschließlich humoristisch. Vielmehr ist es so, daß (mit Ausnahme Thackerays) schon à Beckett und später etwa E.W. Nye oder Moreland den Leser ebenso sachlich informieren wie ihm auch die komischen Seiten der Vergangenheit dartun wollen. Die Feststellungen des Horaz (*De arte poetica*, 333ff) kehren bei à Beckett wieder, der beabsichtigt "to blend amusement with instruction" – eine Formel, die das horazische "delec-

---

[111] Das oben angeführte Dictum Humes ist weder humoristisch noch steht es in einem komisch gesehenen Zusammenhang; selbst wo Hume von des Königs Geiz als seiner "ruling passion" spricht, geschieht dies nur knapp und ernsthaft-kritisch (vgl. *The History of England*, Ausgabe von 1778, vol. III, pp. 387 und 395). – Die komische Auswertung z.B. auch bei Nye: "Henry hated war, not because of its cruelty and horrors but because it was expensive. He (...) often arrested war in order to prevent the wear and tear of cannon." (*Bill Nye's History of England*, Philadelphia, 1896, p. 186).

tare" lediglich auf das Komische hin verengt. Sie kommt noch bei E. W. Nye und Moreland vor[112]. Weil die Verfasser sich aber in diesem Sinne auch um historische "Richtigkeit" bemühen, heißt das andererseits, daß die humoristische Desavouierung meist nur ein kleineres oder größeres Einsprengsel in die Gesamtdarstellung ist. Der ironische, oft epigrammatische, Kommentar und die satirische Glossierung erscheinen in, häufig nur relativ kurzen, eingeschobenen Sätzen. Meist frei erfundene anekdotische Episoden tragen dazu bei, ein epochales Ereignis von seiner Kehrseite zu zeigen (Taillefer vor Hastings, die gestörte Krönung Wilhelms des Eroberers, s. o.). Ungemäße sprachliche Wendungen, häufige *puns* oder ein modern-kolloquialer Redestil sorgen dafür, daß die Größe der nationalen Vergangenheit in alltäglichem Licht erscheint und dadurch zweifelhaft wird. Dem Alltäglichen, wie es die Leser der viktorianischen Zeit gewöhnt sind, dienen immer wieder auch Anachronismen, für die als Beispiel nur die Schilderung der Söhne Wilhelms des Eroberers bei Thackeray zitiert sei: "sitting at tea with their papa and mamma" (*Miss Tickletoby's Lectures*, 29). Der Anachronismus fördert dabei besonders jene respektlose Familiarität, die der Meinung entspricht, daß frühere Zeitläufte sich nur wenig voneinander, aber ebensowenig auch von der Jetztzeit unterscheiden, sondern nur durch die "masks and fancy dresses", die sie sich umlegten und die eine schönfärberische Geschichtsschreibung dann noch "romantisch" übertrieb. Während derartige komische Effekte jedoch in den Texten nicht das Übergewicht über den (meist recht trockenen) historischen Bericht haben, sondern ihn nur umfärben, steigern sie sich in den illustrierenden Karikaturen ins Maßlose und Ausgelassene. Von Thackeray und John Leech bis zu Reed, Morrow, Moreland oder Goodes und Richards greift eine Entheroisierung und Entpathetisierung um sich, die graphisch ihrerseits die angezweifelte Richtigkeit und Harmonie überlieferter Geschichtsvorstellungen radikal verzerrt. Kaum ein Herrscher, Adliger, Kleriker oder Bürger und Bauer begegnet hier, der nicht durch exzentrische Körperhaltung, durch unharmonische Behandlung der Gliedmaßen, durch entweder dumpfe oder dümmliche oder extrem erregte Gestik und Mimik gekennzeichnet wäre. So kommt in den Karikaturen eine Welt auf den Betrachter zu, die ihr Gleichgewicht eingebüßt und im ursprünglichen Wortverstand verrückt und unstimmig ist, weil sie keinerlei Maß kennt. Viel stärker und einseitiger als in den Texten tragen hierzu auch dauernde Anachronismen bei, für die man nur zum Teil die Laune des Künstlers und weitaus mehr eben jene Gleichsetzung der verschiedensten Zeiten und ihrer Menschen verantwortlich machen möchte, von der schon mehrfach die Rede war. Eine komische Nivellierung von Personen und Szenen

---

[112] "This work (..) will prove not only amusing, but instructive .." (Nye, a. a. O., p. 1); ebenso verheißt Moreland seinen Lesern "amusement and instruction" (*Humors of History*, London, 1905, *Preface*).

erfolgt besonders, indem der Graphiker ihnen Gegenstände oder Kostümteile beigibt, die zu ihrer jeweiligen historischen Situation nicht passen. Augenfälligstes Zeichen hierfür ist von Thackeray bis Moreland die Tabakpfeife oder Zigarre, die römischen Soldaten ebenso wie Vertretern des mittelalterlichen Lebens in den Mund gegeben wird. Regenschirme, Zylinder, viktorianisches Schuhwerk u. a. m. kontrastieren ebenso mit der karikierten geschichtlichen Szene wie die Verbots- oder Reklame-Inschriften, die als neuzeitliche Fremdkörper mitten in die Vergangenheit eingeführt werden. Unter anderem erkennt man in diesen Dingen auch den anti-aristokratischen, stark bürgerlichen Affekt dieser Karikaturen. So hat vor allem E. T. Reed in seinen *Prehistoric Peeps* die fellbekleideten Steinzeitmenschen sich bereits im Billard, beim Derby oder im Parlament versuchen lassen, und auch George Morrow hat Altes und Modernes unbekümmert vermischt [113].

Kipling ist zweifellos mit den "Comic Histories" in Berührung gekommen, die um 1900 eine nach wie vor weitverbreitete Geschmacksrichtung vertreten. Dennoch kann allenfalls von Analogien und nicht von Beeinflussung die Rede sein. Die Puck-Geschichten erinnern in manchem an die Geschichts-Persiflagen von Thackeray und à Beckett bis hin zu Moreland. Mit jenen teilt Kipling die Prämisse, daß sich der Mensch im Ablauf der Historie nicht oder kaum verändert habe, und ebenso die kritische Reserve gegenüber allen extremen Lebensformen, allen Zeremonien und allem Pathos. Wie die "Comic Histories" rückt er jenen eine banalere, echtere Wirklichkeit gegenüber. Bei aller Übereinstimmung im Grundsätzlichen, unterscheidet sich die Puck-Folge aber doch wesentlich von den "Comic Histories". Die Gleichheit der Vergangenheit mit der Gegenwart wird nicht durch die unbedenkliche Vermischung alter und moderner Kennzeichen betont, sondern ergibt sich mühelos aus den Begegnungen der Erzählerfiguren mit den beiden Kindern. Die humoristische Kritik am Vergangenen besteht nicht in bloßen Feststellungen, sondern in der Vergegenwärtigung sinnfälliger Situationen, Handlungsentwicklungen und Persönlichkeiten. Vor allem begreift Kipling den Gegensatz zwischen scheinhaftem und selbstbetrügerischem Anspruch und tatsächlicher Fragwürdigkeit anders als die "Comic Histories". In diesen läuft die komische Darstellung darauf hinaus, daß alle angebliche historische Größe nur auf Schwindel beruhe. Die ganze englische Vergangenheit wird so zum großen Jokus, dessen karikaturistische Verdeutlichung – im Text wie im Bild – meist monoton gleiche Mittel benutzt. Bei Kipling haben Spott und Karikatur nur eine Nebenrolle, und die einzelnen komischen Episoden sind stark von einander unterschieden. Dazu trägt einmal die große Versatilität Kiplings bei, der sich ständig wechselnder künstlerischer Formen bedient, aber ebenso die Weite

---

[113] Anstelle eines umfänglichen Katalogs von Beispielen sei auf die oben genannten Titel und *Punch*-Bände verwiesen.

seiner Schein-Sein-Konzeption. Es geht nicht wie in den "Comic Histories" um den einfachen und engen Gegensatz zwischen "masks and fancy dresses" und *der* banalen "Wahrheit", sondern um die verschiedensten Ausprägungen menschlicher Ich-Befangenheit, die nicht nur andere zu täuschen sucht, sondern mit der der Mensch sich selbst täuscht. In den "Comic Histories" nennt der Autor die Mängel der dargestellten Tatbestände direkt und satirisch beim Namen. In *Puck* und Rewards treten falscher Stolz, leer gewordene Prunksucht oder blinder Extremismus fast immer in den Erfahrungen zutage, die die geschilderte Gstalt macht, und dies führt zu ihrer häufigen besseren Selbsterkenntnis. Dies aber bedeutet, daß das Komische dem Ernst immer benachbart oder ambivalent mit ihm verbunden ist. Hier ist nochmals darauf hinzuweisen, daß ja auch nicht *alle* Erzählungen der Puck-Bände humoristisch sind: neben den in dieser Studie behandelten stehen durchaus ernsthafte, ebenso wie ernsthafte Gedichte. Daß unsere Erörterungen dennoch nur den heiteren Aspekten der Puck-Bände galten, rechtfertigt sich daraus, daß Kiplings historische Erzählungen eben in *dieser* Hinsicht in der Entwicklung seit Scott einzigartig sind. Selbst die, in vielem bis zum Pastiche an Kipling orientierte, Jugendbuch-Autorin Rosemary Sutcliff hat ihre historischen Romane von komischen Elementen freigehalten [114].

---

[114] Vgl. z.B. *The Eagle of the Ninth* (Oxford, 1954), *Simon* (Oxford, 1959) u.a.m. – Zu R. Sutcliffs Kipling-Monographie vgl. oben Anm. 77.

Ernst Theodor Sehrt
Der dramatische Auftakt in der elisabethanischen Tragödie
Unveränderter Nachdruck 1973. 213 Seiten, kartoniert (Abhandlungen der Akademie der Wissenschaften in Göttingen, Phil.-hist. Kl. 46)

Übersicht: I. Vorformen des dramatischen Auftakts vor 1600 / II. Hauptformen des dramatischen Auftakts vor 1600 / III. Der dramatische Auftakt in der Shakespeareschen Tragödie

„. . . Shakespeare dramatisierte oder integrierte den Beginn seiner Tragödien und chronicle plays zunächst innerhalb der konventionellen Formen; während aber der Sprung von dem steifen *Titus Andronicus* zu dem komödienhaften, beziehungsreichen Auftakt von *Romeo and Juliet* beträchtlich ist, läßt sich in den Historiendramen schon früh eine fein nuancierte Entwicklungslinie erkennen, die ihren Höhepunkt in *Hamlet* und *Macbeth* erreicht. . .“
Archiv für das Studium der neuen Sprachen

„. . . wahre Kabinettstücke von feinsinnigen, dabei kritischen Interpretationen...“
Germanisch-romanische Monatsschrift

Ernst Theodor Sehrt · Wandlungen der Shakespeareschen Komödie
1961. 66 Seiten, engl. broschiert (Kleine Vandenhoeck-Reihe 105)

„. . . ein Musterbeispiel an konzentrierter Abhandlung eines einzelnen Motivs (das des Spiels), von dem aus sich erstaunliche Einblicke in das Ganze der Shakespeareschen Welt gewinnen lassen.“
Englische Rundschau

Erwin Wolff · Der englische Roman im 18. Jahrhundert
Wesen und Formen. 2. Auflage 1968. 140 Seiten, engl. broschiert (Kleine Vandenhoeck-Reihe 195/97)

„Wolff verbindet mit einer Einführung in den Roman des 18. Jahrhunderts ‚eine logische Typologie subjektiver Welterfahrung‘, gibt also auch eine Entwicklungsgeschichte der Beziehung zwischen dem beobachtenden, erfahrenden und erlebenden Subjekt und der als zu erfahrendes Objekt aufgefaßten Welt, so wie sie sich im Roman dieses Jahrhunderts spiegelt. Dies ist die Leitidee seines Buches.“
Germanisch-Romanische Monatsschrift

Peter Michelsen
Laurence Sterne und der deutsche Roman des 18. Jahrhunderts
2., durchgesehene Auflage 1972. 394 Seiten, engl. broschiert (Palaestra 232)

„. . . eine Darstellung, die nach Umfang und Niveau außerordentlich genannt werden muß ... Michelsen hat für das Phänomen der humoristischen und empfindsamen Erzählkunst zwischen 1760 und 1800 eine künftighin als grundlegend anzusprechende stilkritische Deutung geistesgeschichtlicher Observanz gegeben. . .“
Euphorion

Robert Fricker · Der moderne englische Roman
2., neubearbeitete und erweiterte Auflage 1966. 263 Seiten, engl. broschiert (Kleine Vandenhoeck-Reihe 67 S.)

Inhalt: I. *Moderne Klassiker:* Samuel Butler, Thomas Hardy, Henry James, Joseph Conrad, Herbert George Wells, E.M. Forster, James Joyce, David Herbert Lawrence, Virginia Wolf, Aldous Huxley / II. *Der englische Roman unserer Zeit:* Graham Greene, Evelyn Waugh, Anthony Powell, Charles Percy Snow, Angus Wilson, P.H. Newby, Ivy Compton-Burnett, Iris Murdoch, Joyce Cary, Leslie Poles Hartley, Henry Green, Lawrence Durrell, William Golding / Register.

VANDENHOECK & RUPRECHT · GÖTTINGEN UND ZÜRICH

Robert Fricker · Das moderne englische Drama

2., durchgesehene und erweiterte Auflage 1974. 239 Seiten, kartoniert (Kleine Vandenhoeck-Reihe 1172)

Inhalt: Oskar Wilde und die Sittenkomödie / George Bernard Shaw / Das gesellschaftskritische Drama / William Butler Yeats / Synge, O'Casey und Johnston / Das realistische Problemdrama / T.S. Eliot / Christopher Fry / Weitere Versdramen / Samuel Beckett / Das Drama der späteren Fünfziger Jahre / Die Sechziger und frühen Siebziger Jahre / Ausgewählte Bibliographie / Autorenregister

John Bourke · Englischer Humor

1965. 72 Seiten und 7 Zeichnungen, engl. broschiert (Kleine Vandenhoeck-Reihe 212)

Annemarie Schöne · Englische Nonsense- und Gruselballaden

Intellektuelle Versspiele in Beispielen und Interpretationen und mit Übertragungen im Anhang. Zeichnungen von Edward Lear. 1970. 130 Seiten, engl. broschiert (Kleine Vandenhoeck-Reihe 319 S.)

Geschichte und Fiktion / History and Fiction

Amerikanische Prosa im 19. Jahrhundert. American Prose in the 19th Century. Neun Beiträge, herausgegeben von **Alfred Weber** und **Hartmut Grandel**. 1972. 248 Seiten, Paperback (Sammlung Vandenhoeck)

Amerikanische Literatur im 20. Jahrhundert / American Literature in the 20th Century

Zwölf Beiträge, herausgegeben von **Alfred Weber** und **Dietmar Haack**. 1971. 282 Seiten, Paperback (Sammlung Vandenhoeck)

Amerikanisches Drama und Theater im 20. Jahrhundert / American Drama and Theater in the 20th Century

Dreizehn Beiträge, herausgegeben von **Alfred Weber** und **Siegfried Neuweiler**. 1975. 363 Seiten, Paperback (Sammlung Vandenhoeck)

Alfons Klein · Figurenkonzeption und Erzählform in den Kurzgeschichten Sherwood Andersons

1978. 253 Seiten, engl. broschiert (Palaestra 271)

Rudolf Halbritter · Konzeptionsformen des modernen amerikanischen Kurzdramas

Dargestellt an Stücken von W.B. Yeats, Th. Wilder und H. Pinter. 1975. 250 Seiten, engl. broschiert (Palaestra 263)

VANDENHOECK & RUPRECHT · GÖTTINGEN UND ZÜRICH